고흐가 빛나는 별을 바라보며
미래를 꿈꿨던 것 처럼,
이 한 권의 책이
당신의 여행의 길을 밝혀주길…

여행은 아름답고
당신은 더 아름답습니다.

저자 박영진

님께

포르투갈에 물들다

004　프롤로그 *Prologue*

022　리스본 *Lisboa*

050　리스본 국립고대미술관 *Museu Nacional de Arte Antiga*

076　벨렝지구 *Belém*

092　신트라 *Sintra*

112　카보 다 호카 *Cabo da Roca*

120　오비두스 *Óbidos*

132　세르타 *Sertã*

154　나자레 *Nazaré*

차례

164 순례길 *Caminho de Santiago*

212 파티마 *Fátima*

232 아베이루 *Aveiro*

246 코임브라 *Coimbra*

268 포르투 *Porto*

294 벨몬트 *Belmonte*

306 알가르브 *Algarve*

316 마데이라 *Madeira*

334 포르투갈 역대 왕으로 살펴보는 **포르투갈 역사**

코메르시우 광장. 사진 좌측에 아우구스타 아치와 우측에는 주제 1세의 기마상이 있다. 저 멀리 언덕 위에 세워진 조르주 성도 보인다.

프롤로그
Prologue

　차분히 내려 앉은 네모난 광장을 가득 메운 사람들. 명쾌하면서도 느긋한 발걸음. 익숙한 따스함과 가벼운 나른함. 멋스러운 승리의 아치와 중앙에 우뚝 선 주제 1세 José I 의 기마상. 노천 카페. 진한 커피 향 그리고 여행자를 반기는 고즈넉한 테주 강.

　아우구스타 거리를 지나 코메르시우 광장에 도착하자 햇살은 구름을 벗어났고 그제서야 긴장했던 몸이 스르르 풀렸다. 광장엔 분명 관광객들로 붐볐는데 덩그러니 홀로 남은 듯 주변은 고요했다. 또다시 비일상의 오후로 나를 보낸 건 여행에 대한 헤아릴 수 없는 지고 한 갈망이었고, 나에게 있어 포르투갈 여행은 마치 오랫동안 아껴뒀던 와인 한 병을 꺼내는 것과 같았다.

15년 만에 다시 포르투갈에 왔다. 두 번째 세계일주를 하던 중 리스본에서 잠시 멈췄고 한 달간 지낼 집을 구한 뒤에 어학원에서 포르투갈어를 배웠다. 리스본 시내 중심에 있는 학원을 오가며 걸었던 거리 풍경, 촘촘히 붙은 건물을 가득 메운 낡은 창문들, 자주 들르던 과일 가게, 아침 8시면 어김없이 갓 구운 에그타르트를 내놓던 모퉁이 빵집, 알파마 지구의 좁은 골목길에서 흘러나오던 누군가의 기타 연주, 가파른 언덕을 오르내리는 푸니쿨라를 보며 신기해 하던 내 모습도 떠올랐다. 프랑스의 수도 '빠리스'Paris를 발음할 때는 코 평수를 최대한 넓혀서 '빠'와 '쁘'의 중간 발음으로 하라던 엘사 선생님이 보고 싶어졌다. 잘 지내시겠지.

황급히 뛰어가는 남자의 시선 끝에 트램이 보였다. 오래된 노란색 25번 트램과 노란색 건물이 한 장면으로 들어오면서 그 어떤 도시도 리스본을 대신할 수 없다는 것을, 리스본에서만 느낄 수 있는 풍경과 시각적 경험에 대한 가치는 우리네 여행자들에게 영원한 감동을 줄 거라는 생각이 들었다.

> 트램이 철로 위를 덜컹대며 달려온다. 트램은 3년밖에 안된 새로운 교통 수단으로, 빛나는 노란색이고 전기로 움직인다. 승객들이 트램을 타려고 뛰어가고 급히 트램에서 내린다.
>
> – 얀 마텔의 소설 『포르투갈의 높은 산』 중에서

코메르시우 광장을 지나가는 25번 트램. 마치 한 장의 엽서를 보는 것 같다.

1900년대 초를 배경으로 한 얀 마텔의 소설에서 트램을 '빛나는 노란색의 새로운 교통 수단'이라고 표현하는 부분이 재미있다. 당시 주 교통수단이었던 마차는 트램의 등장과 동시에 서서히 모습을 감췄다.

1908년 2월 1일, 이곳 코메르시우 광장은 그야말로 충격과 혼돈의 도가니였다. 마차를 타고 코메르시우 광장을 지나던 포르투갈 황제 카를로스 1세가 공화주의자들의 총격에 의해 암살당하는 사건이 벌어진 것이다. 함께 타고 있던 루이스 왕세자 역시 총상을 입고 현장에서 숨을 거뒀다. 부상을 당한 뒤 가까스로 회복한 차남 마누엘 왕자는 그 사건으로 인해 아버지와 형을 대신하여 마누엘 2세로 왕위에 올랐지만 2년 뒤인 1910년 10월 5일 혁명으로 인해 포르투갈 공화국이 선포되면서 포르투갈의 마지막 왕으로 역사에 남게 되었다.

500년 전 이곳은 새로운 세상을 꿈꿨던 항해가 콜럼버스가 자주 다니던 곳이었다. 당시 이 광장엔 왕궁이 있었다. 1755년 리스본 대지진 이후로 왕궁이 소실되고 퐁발Pombal 후작의 주도 하에 도시가 재건되면서 현재의 모습으로 탈바꿈한 것이다. 콜럼버스가 스페인 왕실의 후원을 업고 떠난 항해에서 아메리카 대륙을 발견해 역사에 이름을 남겼지만, 제노바 출신이었던 콜럼버스가 자신의 꿈을 키웠던 곳은 바로 포르투갈이었다. 그는 이곳 리스본에서 지도 제작자로 활동했고 포르투갈의 부유한 선장의 딸과 혼인하여 가정을 꾸리고 정착했다. 그리고 누구도 장담할 수 없었던 대항해를 계획했고 포르투갈 왕실의 지원을 기대했지만 결국 꿈을 포기해야 했다. 포르투갈에는 바르톨로메우 디아스와 바스코 다 가마 등 항해 기술과 경험이 풍부했던 탐험가들이 있었기에 콜럼버스의 요구가 받아들여지지 않았던 것이다.

"이런 멍청한 작자들 같으니라고. 난 스페인으로 가겠어. 이사벨 여왕이라면 뭔가 말이 통하겠지. 그나저나 스페인어를 배워서 가는 게 여왕에 대한 예의겠지?"

당시에는 미지의 세계였던 대서양으로 천천히 흘러가는 떼주 강을 바라보니 500년 전 한 손에 지도를 들고 걸으며 동생에게 큰소리로 하소연을 했을 콜럼버스의 모습이 눈에 그려진다.

여행을 떠나기 전 짐을 꾸리면서 아주 오래 전에 읽었던 소설 『리스본행 야간열차』를 가방에 넣었다가 무겁다는 이유로 다른 책을 골랐다. 포르투갈 시인 페르난도 페소아Fernando Pessoa의 『불안의 책』. 책을 가방 안에 넣고서는 혼자 피식하고 웃었다. 『불안의 책』이 『리스본행 야간열차』보다 훨씬 더 무거웠기 때문이다. 무겁다는 이유로 선택한 책을 내려놓고는 더 무거운 책을 고른 내 모습이 우스꽝스럽게 느껴졌다. 절반은 의미 없는 낙서로 보이는 페소아의 책이 오랜만에 혼자 떠나는 여행에 말동무가 되어줄 것 같았다.

코메르시우 광장 한 켠에 페소아의 단골 레스토랑 '마르티뉴 다 아르카다'Martinho da Arcada가 있다. 한 손에 페소아의 책을 들고 레스토랑으로 향했다.

12시가 조금 넘은 시간이었고 레스토랑 야외 테이블은 절반 정도 차 있었다. 손님들은 대부분 주변 관공서에서 근무하는 회사원들 같아 보였다. 두세 명의 웨이터가 접시를 나르며 분주히 움직였다. 내가 레스토랑 입구에 다가서자 하얀 셔츠에 스트라이프 조끼를 말끔히 차려 입은 한 직원이 다가와 인사를 건넸다.

"온드 보세 프레페레?"Onde você prefere? 어느 자리가 좋으세요?

"고스투 두 인테리오르"Gosto do interior 실내가 좋아요

웨이터 중에 경력이 제일 오래되어 보이는 파울루는 나를 실내로 안내했다. 그리고는 내가 묻지도 않았는데 페소아가 주로 앉았던 자리를 보여줬다. 문에서 정면으로 살짝 왼편에 위치한 작은 테이블이 페소아

의 오래된 기억이 머물러 있는 곳이었다. 테이블 위에 페소아의 책과 에스프레소 잔이 있었고, 벽면 선반에는 페소아를 상징하는 중절모가 덩그러니 놓여 있었다.

레스토랑과 카페는 문 하나를 사이에 두고 분리되어 있다. 페소아는 조금 이른 시간에 레스토랑에 도착해 식사 전 커피와 함께 독서를 하거나 작은 업무를 보기도 했다. 베테랑 웨이터는 페소아를 위해 늘 이 자리를 비워 뒀을 것이고, 터벅터벅 걸어가 중절모를 벗고 자리에 앉았을 페소아의 모습이 눈에 그려졌다. 파울루는 부끄러워하는 나를 그 자리에 앉힌 후 페소아의 모자를 쓰게 했다. 그리고는 친절히 사진 한 장을 찍어 줬다.

레스토랑의 야외 테이블. 사진에 보이는 문이 카페 출입구이고, 레스토랑 입구는 오른편 끝에 있다.

페르난도 페소아는 포르투갈의 최고 문학가로 평가받고 있지만, 그의 생은 너무 짧고 쓸쓸했다. 페소아가 사망한 뒤 그의 차 트렁크에서 어마어마한 분량의 원고가 발견됐다. 수십 개의 이명으로 활동했던 페소아의 수많은 이야기들은 사후 수십 년간 분류 작업과 재해석을 통해 현대의 독자들에게 읽혀지고 있다.

페소아가 늘 앉았던 테이블. 그의 책과 커피잔이 놓여 있다.

> 독서 만한 쾌락을 알지 못한다. 사실 나는 아주 적게 읽는 편이다. 책이란 꿈으로 이끄는 문인데, 인생에서 가장 쉽고 자연스러운 일이 꿈과의 대화인 나같은 사람에게는 그런 문이 필요없다. 나는 독서할 때 책 속에 온전히 빠져드는 법이 없다. 책을 읽을 때면 항상 내 지성이나 상상이 내리는 평가가 읽는 대목마다 끼어들어 책의 고유한 서술적 진행을 방해한다. 몇 분 지나지 않아 내가 바로 그 글을 쓰는 사람이 되어버리고, 거기 원래 적혀 있던 글은 어디론가 사라져버린다.
>
> — 페르난도 페소아 『불안의 책』 중에서

페소아가 늘 앉았던 테이블 옆에서 식사를 하고 싶다고 했더니 친절한 웨이터 파울루가 고개를 여러 번 끄덕이며 호응했다. 얇은 종이로 된 메뉴판을 가져다준 파울루는 내가 메뉴를 살펴보는 사이에 고급스러운 접시와 커트러리를 세팅했다. 묵직하고 고급스러운 커트러리를 보자마자 오늘 아침 일찍 간단한 아침식사를 한 이후로 지금까지 아무것도 먹지 않았다는 걸 알았다. 이것저것 물어보느라 음식을 주문하는 데에 한참이 걸렸지만 파울루는 단골 손님을 대하는 것처럼 정중히 대해줬다. 그는 주방에 오더를 넣은 뒤 탄산수와 올리브 오일을 가져왔다. 탄산수는 포르투갈 왕실에서 마시던 비다구Vidago 탄산수였고, 올리브 오일은 아데가 마요르Adega Mayor제였다. 포르투갈과 스페인 국경에 위치한 아데가 마요르사는 질 좋은 포도주를 생산하는 와이너리인데, 포르투갈 출신의 세계적인 현대 건축가 알바로 시자Álvaro Siza가 만든 건물로 유명한 곳이기도 하다.

아데가 마요르 와인밭과 알바로 시자가 설계한 본사 건물.
와이너리 근처에 있는 델타 커피 박물관과 함께 관광하기에 좋은 곳이다.

아데가 마요르 올리브 오일과
비다구 탄산수

나는 인생이란 절반은 빛이고 절반은 그림자라 믿고 싶다. 나는 비관주의자가 아니다. 인생의 끔찍함에 대해 불평하지 않는다. 다만 내 인생의 끔찍함을 불평할 뿐이다. 내게 중요한 유일한 사실은 내가 존재하고 고통받는다는 것. 이 고통에서 벗어나리라고 꿈조차 꿀 수 없다는 것이다.

– 페르난도 페소아 『불안의 책』 중에서

음식을 기다리는 동안 이 부분을 읽으면서 페소아가 잠시 동안 이런 생각을 했었는지 아니면 그의 삶 전체에 걸쳐 이런 불안한 내면이 지속되었는지 궁금했다. 페소아는 "인간은 불가능한 것을 상상하는 유일한 동물이다"라고 말했다. 그가 언제나, 모든 일에 부정적인 사람이었다고 믿고 싶지 않다.

페소아가 다섯 살 때 아버지가 지병으로 사망했다. 다음 해, 태어난 지 일 년도 안된 남동생도 사망한다. 그리고 1893년 어머니의 새로운 남편과 함께 남아프리카 공화국의 더반으로 건너가 유년 시절을 보내게 된다. 외교관이던 새 아버지 덕분에 상류층 자녀들만 다닐 수 있는 사립학교에서 공부할 수 있었고, 대학 입시 때 제출한 영어 에세이가 빅토리아 여왕 상을 받게 되었다는 사실만 본다면 페소아의 어린 시절은 행복했다고 여겨질 수도 있다.

페소아를 기억하는 학창시절의 친구는 몸집이 왜소한 페소아가 시력이 매우 안좋았고 그래서 늘 아파 보였다고 말했다. 아버지의 죽음에 대한 충격이었을까, 아니면 외모에 대한 콤플렉스였을까. 페소아가 기억하는 자신의 어린 시절은 행복하지 않았다.

전채 요리로 올리브 오일에 마늘과 새우를 넣고 조리한 감바스 알류 Gambas com Alho가 나왔다. 스페인의 대표 요리인 감바스 알 아히요 Gambas al Ajillo와 동일한 요리인데, 스페인에서도 메인 요리를 먹기 전 입맛을 돋우기 위해 전채 요리로 먹는 편이다.

"아. 바로 이 맛이야!"

달콤한 올리브 향이 밴 신선한 새우가 입 안으로 들어가자 감탄이 절로 나왔다.

소박한 그릇에 나온 감바스 알류. 감바스는 "새우", 알류는 "마늘"이라는 뜻이다.

1907년 리스본으로 돌아와 미국계 회사에서 근무를 하다가 엠프레사 이비스 Empreza Ibis라는 이름의 출판사를 차리게 되지만 얼마 뒤 경영 악화로 문을 닫는다. 그리고 1908년 포르투갈의 왕과 왕세자가 코메르시우 광장에서 암살을 당하는 큰 사건이 벌어지게 된다. 그 사건 이후로 페소아는 다양한 문학 작품과 비평, 기고문을 쓰게 되는데, 이 모든 작품마다 다른 이름을 사용하기 시작했다. 페르난도 페소아가 아닌 알베르투 카에이루, 알바루 드 캄푸스 등 실제로 존재하지 않은 인물, 즉 페소아의 또 다른 페르소나의 글들이 세상에 등장하기 시작한 것이다.

아름다운 석양의 찬란함은 그
아름다움으로 나를 슬프게 한
다. 그 광경을 보며 나는 항상
생각한다. 행복한 사람이라면
이런 장면을 보면서 정말로 황
홀할 텐데!

- 페르난도 페소아 『불안의 책』 중에서

리스본 시내를 걷는 페소아

이 부분을 읽으면서 가슴이 먹먹해졌다. 그 언젠가 처음으로 안토니 가우디의 성가족 성당을 처음 들어갔던 때가 떠올랐다. 늦은 오후였고, '수난의 문' 방향에서 스테인드글라스를 통해 들어오는 영롱한 빛을 온몸으로 받으며 진심으로 황홀하다는 느낌을 받았었다. 페소아는 이런 풍경을 보면서도 슬프다고 말했을까.

페소아는 본인이 늘 불행하다고 생각했다. 그에게 가족은 없어 보였고 건강 상태도 좋지 않았으며, 어쩌면 그가 가장 큰 의미를 두었을 출판사 운영까지 실패로 돌아간 상태였다. 문득 체코 출신의 소설가 프란츠 카프카Franz Kafka가 생각났다. 1883년생인 카프카는 페소아보다 다섯 살 많은 체코 출신의 소설가이다. 두 사람은 여러 면에서 닮았다.

카프카의 동생은 카프카가 네 살 때 죽었다. 카프카도 페소아처럼 왜

1888년 다섯 살의 카프카

1898년 열 살의 페소아

소했고, 페소아처럼 아버지의 사랑을 받지 못했다. 혼자 있는 시간이 많았으며 본인 스스로가 불행하다고 여겼다. 묘하게 겹쳐지는 두 사람의 삶이 내 머릿속에서 한동안 맴돌았다. 혼자 그런 상상을 해보았다. 카프카의 소설 「변신」을 페소아가 읽었더라면 무릎을 치며 환하게 웃었을 텐데.

    메인 요리로 정어리 구이Sardinhas Assado가 나왔다. 맛있어 보이지는 않았지만 파울루의 말처럼 리스본 주민들이 제일 좋아하는 음식 중에 하나임에는 분명했다. 생선 위에 올리브 오일을 듬뿍 뿌렸다. 약간의 소금기와 올리브 오일과의 조화가 정어리 본연의 향미를 더욱 진하게 만들었다.

리스본 전통 음식 중의 하나인 정어리 구이

나무 잎사귀의 찢어진 그림자, 새들의 떨리는 노랫소리, 햇빛 아래 차갑게 빛나는 긴 팔뚝을 늘어뜨린 강물, 식물들, 양귀비꽃들, 그리고 감각들의 단순함, 이 모든 것을 느끼면서 예전에 느끼지 못했던 것을 지금 느끼는 것처럼 그것들을 그리워한다.

― 페르난도 페소아 『불안의 책』 중에서

    장미에 가시가 있듯이 세상이 역설로 가득하다고 표현했던 페르난도 페소아. 이 레스토랑에 와서 식사를 하고 페소아의 글과 이야기를 듣는다면 그의 글이 지독히 염세적이라고 말하는 어느 평론가와는 다른 결론에 도달할 것이다.

    2020년 한국의 한 독자가 한국어로 번역된 자신의 책을 들고 자신의 단골집으로 찾아와 자기를 추억할 거라고 상상이나 했을까. 자신이 죽고 한참이 지난 21세기에 그가 살았던 이 도시가 온통 자신의 이야기로 가득 차 있다는 사실도.

베르트란드Bertrand 서점 내부 카페에 있는 페소아의 글과 그림들. 이 서점은 세계에서 제일 오래된 서점으로 기네스북에 등재되어 있다. 리스본 시내 시아두Chiado 지역에 있다.

페소아가 자주 들렀던 아 브라질레이라A Brasileira 카페 앞 페소아의 동상에서 기념 촬영을 하는 관광객. 이렇게 리스본은 페소아의 흔적들로 가득하다.

"식사 후에는 어디로 가나요?"

파울루가 물었다.

"벨렝지구로 가서 에그타르트를 먹으려고요. 15년 전에 먹었던 그 맛을 지금도 잊지 못하고 있답니다."

"음… 벨렝의 에그타르트도 맛있지만 오늘은 여기서 한번 드셔 보세요. 후회 안할 겁니다."

"파울루가 그렇게 말한다면 당연히 먹어봐야죠!"

1분도 채 되지 않아서 파울루씨가 카페로 이어지는 작은 문을 통해 한 손에는 에그타르트, 다른 손에는 에스프레소 한 잔을 들고 왔다.

"아 참! 시나몬 가루!"

황급히 카페로 돌아가더니 에그타르트 위에 뿌릴 시나몬 가루를 가져왔다.

그의 말처럼 마르티뉴 다 아르카다의 에그타르트는 입에서 살살 녹을 만큼 부드럽고 달콤했다.

시나몬 가루를 뿌린 에그타르트와 에스프레소

파울루가 가져온 영수증에는 그가 정성스럽게 서빙했던 목록이 순서대로 적혀 있었다. 26.75유로가 나왔다. 이런 경우 팁을 2유로 정도만 주면 충분하지만 나는 3.25유로의 동전을 바지 주머니에 넣고, 지갑에서 깨끗한 5유로짜리 지폐를 꺼내서 파울루에게 건넸다.

당신의 서비스가 맘에 들었다는 표현을 하고 싶었고, 내가 언젠가 다시 이곳에 올 때 꼭 나를 기억해 줬으면 하는 마음이었다. 5유로라는 돈이 큰 액수여서가 아니다. 나의 감사한 마음과 정성을 파울루가 느낄거라 믿기 때문이다.

마르티뉴 다 아르카다의 베테랑 웨이터 파울루

다시 코메르시우 광장으로 나와 아우구스타 거리로 들어섰다. 다양한 상점과 레스토랑, 관광객이 가득했다. 온몸을 은색으로 덧칠한 행위 예술가는 거리로 쏟아지는 햇빛을 그대로 받아 더 밝게 빛이 났다. 벽면 그늘에 서서 아이스크림을 입에 물고 있는 어린 남자 아이가 호기심 가득한 눈으로 행위 예술가를 응시하고 있었다. 예술가 앞에 마찬가지로 은색으로 장식된 동전통이 있었고 그 바로 옆에 'This is my job'이라고 적힌 작은 팻말이 보였다.

호시우 광장 방향으로 조금 더 걷다가 다시 멈췄다. 하늘을 잠시 바라보다가, 거리의 사람들을 다시 바라보다가, 내가 좀 전에 걸었던 길을 다시 되돌아봤다. "훌륭한 여행가들이 흔히 그렇듯이, 내가 기억하는 것보다 많은 것을 보았고, 내가 본 것보다 더 많은 것을 기억하고 있다"는 벤저민 디즈레일리의 말이 떠올랐다. 15년 만에 다시 찾은 리스본은 오랜만에 만나도 어색하지 않은 그런 오랜 친구 같은 느낌이었다. 이상하리만큼 조금도 낯설지 않았고 어렸을 때 적지 않은 시간을 살았던 곳처럼 다정했다.

"변한 게 하나도 없네. 고마워 포르투갈!"

에두아르두 7세 공원. 중간에 퐁발 후작의 조각상이 보이고 그곳부터 리베르다드 대로가 시작된다.

Lisboa
리스본

에두아르두 7세 공원 Parque Eduardo VII에서 리스본 여행을 시작했다. 공원 아래로는 리스본 구시가지가 한 눈에 보이고, 뒤편에는 포르투갈 파두의 여왕 아말리아 호드리게스 Amália Rodriques 정원이 있다. 따뜻한 커피가 생각나서 공원 아래로 걸어 내려갔다. 마르케스 데 퐁발 광장과 광장 중앙에 높이 솟은 퐁발의 조각이 보였다. 1755년 리스본 대지진 당시 포르투갈 왕실의 실세였던 퐁발 수상은 자신의 주도 하에 복원된 리스본 시내를 바라보고 있다. 리스본에 세워진 역대 포르투갈 왕들의 수많은 조각들 중에 여기보다 더 좋은 장소에 세워진 것은 없다. 문득 그런 생각이 들었다. "브라간사 왕조의 역대 황제들이 왜 이 자리를 탐내지 않았을까?" 자료를 검색해 봤더니 퐁발 후작의 조각이 세워진 시기는 포르투갈 왕정이 끝난 이후인 1917년부터 지어져 1934년에 완성됐다. 이제야 궁금증이 풀렸다.

에두아르두 7세 공원에 있는 아말리아 호드리게스 정원. 자르딩Jardim은 "정원", 파디스타Fadista는 "파두 가수"라는 뜻이다.

광장 중앙에 우뚝 솟은 퐁발 후작의 동상. 권위를 상징하는 사자와 함께 리스본 시내를 내려다보고 있는 형상이다.

1755년 그날은 끔찍한 재앙이었다. 11월 1일 만성절, 신실한 가톨릭 신자들이 경건한 마음으로 예배당에 모였던 그 오전에 지구 역사상 가장 참혹했던 대지진이 리스본을 강타했다.

리스본에서 400km 정도 떨어진 세비야 대성당 천장에 심각한 균열이 발생했고, 수천 킬로미터 이상 떨어진 베네치아까지 여진이 느껴졌을 정도였다.

볼테르의 소설「캉디드 혹은 낙관주의」에 보면 주인공 캉디드가 리스본에 도착했던 날이 하필이면 1755년 11월 1일이었다. 소설에서는 당시의 상황을 이렇게 표현하고 있다.

> 리스본에 막 도착했을 때, 땅이 흔들리기 시작하고 바다가 부풀어 올라 항구에 정박해 있던 배들을 덮쳐 일거에 부숴 버렸다. 불꽃과 재의 회오리가 거리와 광장을 휩쓸었다. 집이 무너지고 지붕이 뒤집혀 바닥에 떨어지고 바닥이 갈라져 사라졌다. 남녀노소 합쳐 3만 명의 주민이 건물 잔해에 깔려 죽었다.
> 캉디드가 울부짖었다.
> "이게 바로 이 세상 최후의 날이야!" – 소설「캉디드 혹은 낙관주의」

소설에는 3만 명이 사망했다고 나와 있지만 실제 문헌에는 실종자 수까지 모두 포함해 사망자 수를 최대 6만 명까지 추산하고 있다. 해일을 동반한 지진과 화재는 포르투갈의 수도를 완벽하게 파괴했다. 전 유럽이 애도했고 수많은 포르투갈 시민들은 슬픔에 울부짖었다. 프랑스를 중심으로 한 계몽주의 철학자들은 "신이 선하다면 어째서 신을 닮은 선한 인간들을 이렇게 고통 속에 두는가"에 대한 질문을 던졌고 결국 아무도 그 해답을 찾지 못했다.

리스본의 권세가들은 정치적 위기에서 벗어나기 위해 희생자가 필요했고, 종교라는 명분과 그럴듯한 신앙과 신념으로 이단자를 처형하는 만행이 벌어지기도 했다. 리스본 시민들에게 가장 필요했던 건 단 하루라도 편히 쉴 수 있는 집이었지만 왕실은 책임을 떠넘기기에 급급했다. 그때 퐁발 수상은 각 분야의 전문가를 모두 모아 놓고 대책을 강구했다. 처참한 도시를 그대로 두고 다른 장소에 수도를 재건하자는 의견도 있었지만, 결국은 리스본을 갈아엎고 완전히 새로운 도시로 탈바꿈하기로 결정한다.

재와 쓰레기를 치우는 데에만 5년 이상이 걸렸다. 도로는 넓어졌고 5층 높이의 건물이 새로 지어지기 시작했다. 유럽 최초의 내진 설계로 가이올라 공법이 발명됐다. "재건"이라는 뜻의 헤스타우라도레스Restauradores 광장이 1764년에 문을 열었고, 도시는 그렇게 회복되어 갔다.

시내로 가기 위해 리베르다드 거리를 지난다. 1킬로미터가 조금 넘는 리베르다드 대로 중앙에는 차 없는 가로수길이 직선으로 펼쳐지고 대로 양쪽으로는 유명 브랜드 매장과 고급 호텔이 줄지어 있다. 한 블록 정도 내려오니 사거리 모퉁이에 4개의 조각상이 보였다. 포르투갈의 시인 알렉산드르 에르쿨라누Alexandre Herculano와 함께 19세기에 활동했던 포르투갈 낭만주의 작가들이었다. 작가들의 조각을 하나씩 카메라에 담고 나서 근처 노천 카페로 향했다. 하얀 유니폼을 입은 흑인 여종업원이 계산대 앞에서 손님을 응대하고 있었다. 철 지난 두꺼운 외투를 입은 중년 남성이 커피 한 잔을 받아 들고는 자리를 떠났다.

"봉 디아." Bom dia 좋은 아침입니다.

내가 먼저 인사를 건넸다.

"봉 디아. 포쑤 아주다르?" Bom dia. Posso ajudar? 좋은 아침입니다. 뭘 도와드릴까요?

춤을 추는 듯한 그녀의 포르투갈어는 마치 악보 위를 걷는 음표 같았다. 포르투갈어는 참 아름다운 언어라는 생각을 또 한 번 했다. 나는 브라질에서 5년 가까이 살았었기에 그녀가 브라질에서 왔다는 것을 금방 알아차릴 수 있었다. 같은 포르투갈어지만 포르투갈식 포르투갈어와 브라질식 포르투갈어는 조금 다르다. 문법은 동일한데 발음에서 차이가 나는 편이다. 예를 들어 보면 'L'을 발음할 때 포르투갈에서는 'ㄹ'로 발음을 하지만 브라질에서는 '우'로 발음한다. 그래서 Ronaldo의 경우에 포르투갈에서는 '호날두'라고 발음하지만 브라질에서는 '호나우두'로 발음하는 것이다. 크리스마스라는 뜻의 Natal을 포르투갈에서는 '나탈', 브라질에서는 '나타우'라고 발음한다.

0.8유로를 내고 에스프레소 한 잔을 받아 테이블에 앉았다. "자유"라는 의미의 리베르다드 대로 한 가운데에 앉아 커피를 마시니 왜 이곳이 포르투갈에서 가장 아름다운 길이라고 하는지 알 것 같았다. 작은 커피잔에 설탕 하나를 전부 넣었다. 한국에서는 설탕없이 커피를 마시는데

리베르다드 대로에 위치한 노천카페

 유럽에서는 버릇처럼 나도 모르게 설탕을 넣게 된다. 쓴 커피는 설탕의 단맛과 어우러지며 비로소 강렬한 여운을 남긴다. 노트와 펜을 꺼내 어제 있었던 일들을 기록했다. 어제 방문했던 페소아의 단골집, 포르투갈 가정식, 파울루가 추천해준 에그타르트, 코메르시우 광장을 지나가던 노란색 트램. 그 생생한 기억을 작은 노트에 담았다.

 마네가 베네치아를 여행한 뒤 파리로 돌아와 그림을 마무리했을 때, 모네는 마네를 질책했다. 풍경의 느낌을 살리기 위해서는 반드시 현장에서 그림을 완성해야 한다고 모네는 주장했다. 모네가 마치 나에게 말하는 것 같았다. 그래서 나는 여행에서의 느낌을 그때그때 노트에 남기는 습관을 들이기 시작했다.

 얼마 전 한 독자가 편지를 보내왔다. 나보고 세상을 바라보는 눈이 따뜻한 분 같다고. 사랑할 수 있는 것들이 많고 그래서 궁금한 것이 많고 그래서 이렇게 여행하며 살아가는 사람 같다고 했다.

사랑하니까 궁금하다는 말이 가슴에 크게 와 닿았다. 2005년 처음이자 마지막이라는 마음으로 여행책을 출간했는데 어쩌다보니 어느새 일곱 번째 책을 쓰고 있다. 포르투갈의 아름다운 풍경, 도시에 깃든 이야기들, 정겨운 포르투갈 사람들의 꾸밈없는 모습을 많은 사람들과 나누고 싶었다.

한 시간 정도 글을 쓰다가 노트와 펜을 가방 앞주머니에 넣고 다시 길을 나섰다. 마네와 모네, 가우디와 구엘, 리스트와 쇼팽, 로렌조 데 메디치와 미켈란젤로. 그들의 우연한 만남을 떠올리며 우리가 살면서 만나는 인연의 소중함에 대해 다시 한번 생각해 보았다.

"그래서 우리는 인생을 좀 더 천천히 걸을 필요가 있어. 주변을 둘러봐야 하니까."

혼자 중얼거리는 사이에 리베르다드 거리가 끝나고 헤스타우라도레스 광장에 도착했다. 광장은 스페인으로부터 독립을 쟁취한 것을 기념해 만들어졌다. 1580년부터 60년간 스페인 합스부르크 왕가가 포르투갈을 통치했다. 1640년에 시작된 독립 전쟁은 1668년에야 끝이 났다. 광장 중앙에는 독립을 위해 전쟁에서 싸운 전사자들을 기리기 위한 오벨리스크가 세워졌다.

호시우Rocio 광장이 바로 코앞이지만 여기서 푸니쿨라를 타고 바이후 알투Bairro Alto지역으로 올라가기로 했다. 리스본을 둘러싸고 있는 언덕을 오르기에 가장 좋은 방법은 푸니쿨라를 이용하는 것이다. 지금은 리스본 주민들보다 오히려 관광객이 더 많이 이용하지만 언덕 위에 사는 주민들에게 푸니쿨라는 없어서는 안 될 고마운 존재였다.

노란색 푸니쿨라에 탑승하고 언덕 위로 올라갔다. 언덕은 성 페드루 드 알칸타라 São Pedro de Alcântara 전망대로 이어진다. 영화 '리스본행 야간열차'의 배경이 되었던 그곳이다. 전망대 입구에 체리주를 파는 노점상이 보였고 경치를 감상할 수 있도록 설치된 벤치가 여러 개 놓여 있었다. 주인공 그레고리우스가 벤치에 앉아 안경을 만지작거리며 아마데우 프라두의 낡은 책을 읽는 모습이 눈에 그려졌다.

푸니쿨라는 1900년대 초부터 운영되기 시작했다. 위쪽 사진은 1900년대 초반의 풍경. 아래 사진은 현재의 모습이다. 2000년대에 들어서면서 푸니쿨라에 그래피티 장식을 입히기 시작했다.

붉은 빛으로 물든 리스본 시내가 보였다. 사람들이 유럽의 오래된 도시를 좋아하는 이유를 알 것 같은 그런 풍경이었다.

전망대에서 카르무 수도원까지는 도보로 몇 분이 채 걸리지 않았다.

헤스타우라도레스 광장에서 탈 수 있는
글로리아 푸니쿨라 Ascenor da Glória

1389년에 문을 연 카르무 수도원은 1755년 대지진으로 처참히 무너졌다. 수도원 대부분의 건물이 소실되었고 현재는 교회 본당 건물만 보전되어 있는데 그마저도 천장이 모두 붕괴된 채로 남아있다. 외벽과 기둥만이 남아있는 교회 내부는 대지진의 참혹한 역사를 고스란히 품고 있다.

카르무 수도원 바로 앞에는 리스본의 명물 산타 주스타Santa Justa 엘리

천장이 전부 무너진 채 외벽과 기둥만 남은 카르무 수도원 성당

베이터가 있다. 1899년에 만들어진 45미터 높이의 엘리베이터 테라스 전망대에 오르면 리스본의 멋진 경치를 감상할 수 있다.

   비바 카드나 리스보아 카드가 있다면 푸니쿨라, 트램, 버스, 지하철뿐만 아니라 산타 주스타 엘리베이터도 무료로 이용할 수 있다. 엘리베이터를 타고 내려오면 호시우 광장에 도착하게 된다.

산타 주스타 엘리베이터 전망대에서 바라보는 리스본 시내

엘리베이터를 타고 내려왔을 때 길거리 밴드 공연을 감상할 수 있었다. 산타 주스타 엘리베이터는 에펠의 제자인 라울 메스니어Raoul Mesnier du Ponsard가 디자인했다. 리스본의 오래된 건물과 철제 엘리베이터가 묘한 조화를 이룬다.

호시우 광장은 로마 시대 때 대전차 경기장이었다. 전차 경기뿐만 아니라 각종 축제나 공연, 투우 경기, 종교 재판이 행해지는, 그야말로 리스본의 정치와 문화의 중심이었다.

1540년 포르투갈 최초의 종교 재판이 바로 이곳에서 열렸다. 1755년 대지진 당시 가장 큰 피해를 입은 곳이기도 했다. 1836년 화재로 또 한 번 큰 피해를 입었다. 1846년 마리아 2세 극장이 지어졌다. 페드로 4세의 동상은 1874년에 세워졌다. 광장 근처에 위치한 호시우 기차역 건물

❶ 16세기 호시우 광장을 그린 그림
❷ 현재 호시우 광장 모습. 현재 광장 북쪽에는 마리아 2세 국립 극장이 세워져 있다. 하지만 16세기의 그림을 보면 다른 건물 두 개가 보이는데 그 중에 하나가 종교 재판소였다. 리스본 대지진으로 인해 종교 재판소 건물은 파괴되었다.
❸ 광장 중심에 위치한 페드로 4세의 동상. 포르투갈의 28번째 왕이자 브라질의 첫번째 왕이다.
❹ 광장을 아름답게 장식하고 있는 청동 분수. 19세기 말에 프랑스에서 수입했다.

은 1887년에 완공되었다.

지금의 광장은 카페와 상점 등으로 둘러싸여 평화롭기 그지없다. 어르신들은 지팡이를 놓고 벤치에 앉아 담소를 나누고, 분수 주변으로 아이들이 뛰논다. 거대한 광장 바닥은 물결 모양의 석회석 모자이크로 장식되어 있다.

기억하고 싶지 않은 역사도, 잔인하게 행해졌던 *종교적 행위도, 문명을 무력하게 만드는 대지진도, 그 어떤 아픔도 저 물결처럼 지나간다고 말하는 듯하다.

호시우 광장에서 도보로 1분 정도 떨어진 곳에 산투 도밍구Santo domingo 성당이 있다. 관광객에게 잘 알려진 곳은 아니지만 리스본에서 꼭 한 번 가봐야 하는 곳이다. 나는 유럽 도시를 여행할 때 대성당을 그냥 지나치는 경우가 종종 있다. 가이드북에서 대부분 첫 번째로 추천하고 있는 대성당보다는, 관광객에게는 잘 알려져 있지 않지만 그 도시의 주민들에게 특별한 의미가 있는 그런 장소를 방문하는 것에 더 의미를

아우토 다 페 Auto da fé

종교 재판에 의한 이단자 처형을 '아우토 다 페' Auto da fé 라고 불렀다. 아우토는 라틴어 Actus, 즉 "행위"라는 뜻이며, Fe는 "신앙" 혹은 "믿음"이라는 뜻이다. 단어 자체가 "종교적 행위"라는 의미를 갖고 있다. 중세에는 그럴싸해 보이는 단어였겠지만 지금은 치욕적이고 끔찍한 단어가 되었다.

산투 도밍구 성당 내부 모습. 당시 화재의 흔적이 그대로 남아 있으며 평일에도 많은 신자들이 제단 앞에 앉아 기도를 하고 있다.

두는 편이다.

 1241년에 건설된 산투 도밍구 성당은 2천 명 이상 수용이 가능한 규모였다. 리스본에서 가장 큰 성당이었기에 도시의 큰 행사나 왕실의 중요한 의식, 예컨대 왕실의 장례식이나 세례 의식을 위해 사용되었다. 1862년 포르투갈의 황제 루이스 1세와 마리아 피아 왕비의 결혼식이 열렸던 곳이기도 하다. 하지만 현재 산투 도밍구 성당은 흔히 '화재 성당'으로 불린다. 성당 내부로 들어가 보면 평범한 외관으로는 상상도 할 수 없는 광경이 펼쳐진다. 성당 내부가 화재로 소실된 모습 그대로 남아있고, 그 참혹하고 적나라한 검은 재의 흔적 아래에서 리스본의 가톨릭 신자들이 무릎을 꿇고 기도하는 모습은 세상 어디에도 없는 독특하고 이색적인 풍경을 자아낸다.

　1531년 지진으로 성당 지붕이 무너지는 참사가 벌어졌다. 화재가 이어졌고 목재로 장식된 성당의 대제단은 모두 잿더미로 변했다. 1755년 대지진은 성당의 보물과 성물을 파괴했다. 건물에 심각한 균열이 발생했다. 수십 년이 지난 1834년에야 다시 내부 출입이 가능할 정도였다. 그리고 1959년 여름, 이 성당에 엄청난 화재가 발생했다. 바로크 양식의 내부 장식들과 소중한 성화들이 순식간에 소실되었다.

　당시 리스본 대주교와 성당 관계자들은 화재로 파괴된 성당 내부를 그대로 보존하기로 결정했다. 덕분에 산투 도밍구 성당은 세계 어디에서도 찾아볼 수 없는 화재 성당으로 남아있다.

　내가 성당 내부에 들어갔을 때, 외부에서는 상상도 못했던 참혹한 광경에 당황했다. 그리고는 엄숙한 분위기에 사로 잡혀 잠시 아무 생각도 못한 채 멍하니 주변을 둘러보았다. 구석 자리에 앉아 불에 그을린 대제단과 상처 입은 가톨릭 성인들의 조각을 보면서 가슴 속에 잔잔한 감동이 느껴졌다. 산투 도밍구 성당은 리스본의 아픈 기억들과 슬픔을 고스란히 간직한 포르투갈의 살아있는 역사 그 자체라는 느낌마저 들었다.

　아우구스타 거리와 콘세이성Conceição거리가 만나는 지점에서 왼쪽으로 방향을 틀었다. 그 순간 어디선가 들리는 교회 종소리가 넓게 퍼졌고, 기념품 상점들이 줄지어 위치한 거리를 지날 때쯤 28번 트램이 지나갔다. 리스본의 유명 관광지만 골라서 다닌다는 환상의 코스로 유명한

리스본의 주요 관광지를 연결하는 28번 트램

28번 트램이다.

　대부분의 트램은 1910년을 전후로 운행이 시작되었는데, 28번 트램은 1930년부터 새롭게 길을 열었다. 1960년대부터 트램 노선이 서서히 줄어 들었지만, 28번 트램은 한 번도 쉬지 않고 리스본 시민들의 발이 되어왔다. 지금은 리스본을 찾는 관광객들에게 큰 사랑을 받고 있다.

　트램이 지나가고 동시에 깡마른 중년의 사나이가 내 옆을 스쳐가면서 언덕의 경사가 가파라졌다. 조금 힘들다고 느껴질 때쯤 왼편에 성 안토니오 성당이 보였다. 안토니오 성인은 포르투갈에서 가장 중요한 성인 중의 한 명이다. 이탈리아 파도바를 여행할 때 들렀던 성 안토니오 성당이 떠올랐다.

　"맞아. 내가 가 봤던 그 많은 성당 중에서 가장 아름다운 성당이었지."

　실종된 가족과 잃어버린 친구를 찾아달라고 안토니오 성인을 찾는 간절한 사람들의 기도는 가슴 벅찬 프레스코화로 가득한 성당 안에 울려 퍼져 진한 슬픔과 감동을 일으키는 독특한 장소였다. 사람들이 안토니오 성인을 찾는 이유는 그가 바로 '잃어버린 물건이나 사람을 찾는 사람들'의 수호성인이기 때문이다. 리스본에서 태어나 코임브라에서 수학하였고, 후에 프란시스코 수도회에 입회하여 이탈리아 파도바에서 활동하였다.

　리스본에 있는 성 안토니오 성당은 성인의 생가 바로 옆에 지어졌다. 성당과 생가 모두 특별한 볼거리는 없지만, 만약 소중한 무언가를 잃어버렸다면 잠시 멈춰 서서 기도를 해보는 것도 좋을 것 같다.

❶ 프레스코화로 가득한 이탈리아 파도바의 성 안토니오 성당 내부
❷ 안토니오 성인의 관 앞에서 기도하기 위해 줄 서서 기다리는 모습
❸ 안토니오 성인 관 앞에서 손을 대고 기도하는 모습
❹ 안토니오 성인의 신체 일부와 장기들을 그대로 전시해 놓은 모습. 정 중앙에 안토니오 성인의 치아가 보인다. 가톨릭 신자들은 성인의 유해 앞에서 간절히 기도하면 그 바램이 이루어진다고 믿었고, 이러한 믿음은 왕실과 귀족들이 전세계 성인의 유해와 유품을 경쟁적으로 사고 파는 거래로 이어지기도 했다.

산타 루시아 전망대에서 보이는 도시 풍경. 중앙에 판테온이 보인다.

성 안토니오 성당에서 조금만 더 올라가면 1147년에 세워진 리스본 대성당이 나온다. 안토니오 성인을 생각하며 그 길을 따라 10분 정도 천천히 오르니 리스본 시내가 한눈에 들어오는 산타 루시아 전망대에 도착했다. 리스본의 수호성인인 비센트 성인의 조각 주변으로 많은 관광객들이 노천 카페에 앉아 따스한 햇살 아래 여유를 즐기고 있었다.

저 멀리 포르투갈 영웅들이 잠들어 있는 판테온이 보이고 그 마을 뒤로 떼주 강이 보였다. 오래된 집들로 가득한 붉은 빛 리스본은 마치 중세 어느 왕의 초상화를 보는 것 같았다. 잔잔한 감동이 밀려왔다.

유럽에서 제일 오래된 나라라는 것을 알아 달라는 듯이 리스본 시내는 오래된 것들로 가득하다. 그 의미와 가치를 모른다면야 리스본이 볼품없는 낡은 도시로 보이겠지만, 역사를 통해 되짚어보는 포르투갈의 보석 같은 도시들은 그들이 왜 오래된 것들에 대한 애착을 갖고 있는지 깨닫게 한다. 이들은 기와가 낡으면 골동품 시장에서 똑같은 기와를 골라 비싼 가격을 주고 사온다. 빠르게 회전하는 삶에 익숙한 우리에게는 이해할 수 없는 것들로 가득하지만, 그 이야기들을 하나씩 풀어가며 퍼즐을 맞추다 보면 비로소 포르투갈을 이해하게 된다.

저녁 시간에 파두 공연을 보기 위해 알파마 지구로 걸어갔다. 레마르크의 소설 「리스본의 밤」에 이런 표현이 나온다.

"낮의 리스본은 사람들을 매혹시켜 끌어 잡는 그 무엇을 갖고 있으나 밤의 리스본은 불을 휘황찬란하게 켠 테라스에 앉아 대양을 넘어가는 동화의 도시이다"

어스름한 골목길을 지나 온통 비밀스런 불빛들로 가득한 알파마 지구에 도착했을 때 나는 레마르크의 감정을 느낄 수 있었다. 어둠이 내려앉은 알파마 지구는 또 다른 리스본의 얼굴이다.

좁은 골목에서 생생한 파두Fado가 들려온다. 파두는 19세기 후반 알파마를 비롯한 리스본의 변두리에서 시작됐다. 생업을 위해 어쩔 수 없이 바다로 나가야 했던 노동 계층의 아버지를 기다리는 남겨진 가족들의 애절한 그리움을 담은 슬픈 외침이 바로 파두이다. 하염없이 남편을 그리워해야 했고, 아버지를 무작정 기다려야 했으며, 돌아오지 않는 아들을 가슴에 묻어야 했다.

파두의 어원은 '숙명', '운명'이라는 단어인 Fatal파탈에서 유래됐다. 두려움의 상대였던 바다는 그들의 숙명이자 개척해야 할 미래였다.

15세기부터 시작된 대항해 시대. 다른 대륙 낯선 땅에서 풍토병에 시달리다가 가족을 그리워하는 마음을 그대로 안은 채 생을 마감한다. 바그너의 오페라 〈방황하는 네덜란드인〉은 항해 중 폭풍을 만나서 사망한 바르톨로메우의 영혼이 지금도 바다를 떠다니고 있다는 내용을 모티브로 했다.

페소아가 수십 개의 이명으로 활동하던 1900년대 초부터 포르투갈

알파마 지구의 한 파두 식당. 벽에 기대어 파두를 부르고 있는 모습

의 경제 상황은 더욱 어려워지기 시작했다. 이때부터 반세기 동안 300만 명 이상의 포르투갈인이 이민을 떠났다. 현재 포르투갈의 인구가 1천만 명인 것을 감안했을 때 얼마나 많은 사람들이 고국을 떠났는지 실감할 수 있다.

'포르투갈의 최대 수출품은 포르투갈인이다'라는 말이 있다. 나라 경제가 어려워지면서 돈을 벌기 위해 해외로 나갔다. 중세부터 지금까지 고국을 떠나 해외에 살면서 그들이 평생 가슴에 안고 살았던 서러움과 슬픔 그리고 그리움. 이 감정을 포괄적으로 설명하는 단어가 바로 '사우다드'Saudade이고 포르투갈의 정서를 이해하는 키워드이다.

파두는 다른 공연들과 달리 무대가 없는 게 특징이다. 공연 시간도 없다. 허름한 식당 한 켠에 앉아 음식과 술을 주문해 놓고 앉아 있으면 누군가가 꾸미지 않은 평상복을 입고 나타나 인사도 없이, 그 어떤 설명도 없이 노래를 시작한다. 한 두 곡이 끝나면 파디스타는 자리를 떠나고 관객들은 주문한 음식을 먹기 시작한다. 그러다가 또 다른 가수가 터벅터벅 걸어와 지긋이 눈을 감고 노래를 시작한다. 테이블에서 식사를 하던 사람들이 식사를 잠시 멈추고 파두를 감상한다. 형식도 절차도 없이 파두는 그렇게 날 것 그대로 울려 퍼진다.

Patiste de casa mum dia de sol
Deixaste a cama vazia e sem alma
Choei as lagrimas todas, Ja esta.
Nem mais um dia quero sofrer por ti.
Esqueci-te ja não es nada para mim
Nosso amor saiu contigo de casa.
Fecho a janela, o noite interior
Sinto-me calma meu amor
Tuas maos moutro corpo não e pessivel
Peco a Deus que voltes.

어느 햇빛 쏟아지던 날, 당신은 내 곁을 떠났어요.
텅 빈 침대를 남겨두고, 매정하게 그렇게 떠났죠.
나는 몹시 울었어요. 하지만 이젠 됐어요.
더 이상은 당신 때문에 아프고 싶지 않아요.
당신은 더 이상 나에겐 존재하지 않아요.
우리의 사랑은 당신과 함께 내 곁을 떠났죠.
난 창문을 닫아요. 집안은 밤처럼 캄캄하죠.
나는 조용히 내 사랑을 느껴요.
다른 사람을 안고 있을 당신의 모습이 믿겨지지 않아요.
나는 당신이 다시 돌아오기를 신께 기도해요.

― 베빈다Bevinda '이젠 됐어요'Ja esta

알파마 지구의 밤거리 풍경   한 파두 식당의 입구

관광객들은 파두 공연을 보면서 크게 감격하거나 격한 호응을 하지 않는다. 심지어 지루했다고 표현하는 사람들도 있다. 그런데 집으로 돌아가 포르투갈을 떠올리면 제일 먼저 파두가 생각나곤 한다. 구슬픈 음률이 가슴에 사무치고, 다시 그 골목 그 식당에 가서 파두를 듣고 싶다는 생각이 든다. 파두는 그런거다. 그냥 가끔, 이유없이, 그렇게 듣고 싶은 그런 노래.

파두는 리스본의 밤을 타고 멀리 흘러간다.

코임브라에서 감상한 파두 공연

Museu Nacional de Arte Antiga
리스본 국립고대미술관

코메르시우 광장에서 벨렝 지구 방향으로 트램 15번을 타고 가다가 국립미술관Museu nacional de antigua 근처에 내렸다. 입장료를 지불하고 제일 먼저 향한 곳은 미술관 내 카페였다.

   박물관은 보통 건축과 컬렉션, 카페테리아, 기념품샵 등으로 나뉜다. 박물관이나 미술관을 언급할 때는 제일 먼저 컬렉션을 떠올리게 되는데, 컬렉션 이외에도 볼거리, 즐길거리가 의외로 많다. 스페인 북부 빌바오에 위치한 구겐하임 미술관의 경우는 컬렉션보다도 미술관 건물 자체가 더 유명하다.

   내가 개인적으로 제일 좋아하는 미술관은 피렌체의 우피치 미술관이다. 우피치 미술관에서는 미켈란젤로와 레오나르도 다 빈치, 보티첼리 등 르네상스 거장들의 회화를 맘껏 감상할 수 있는데, 무엇보다도 내 마

프랑크 게리가 디자인한 스페인 북구 빌바오에 위치한 구겐하임 미술관. 1997년 완공됐다.

오스트리아 비엔나 미술사 박물관 내부 카페

아테네 고고학 박물관 중정 카페

음을 사로잡는 건 바로 미술관의 야외 테라스 카페이다. 피렌체 구시가지의 빛 바랜 건물들 사이에서 마시는 따뜻한 커피 한 잔은 진한 감동을 주기에 충분한 장소이다. 이 외에도 비엔나의 미술사 박물관 내부 카페, 아테네 고고학 박물관의 중정 카페도 기억에 남는 명소였다.

리스본 국립미술관의 야외 카페에는 사람들이 생각보다 훨씬 많았다. 커다란 정원 중심에는 작은 분수가 보였고 정원의 푸른 잔디 위에 그리스 조각상들이 띄엄띄엄 놓여 있었다. 느릅나무 옆에 작고 예쁜 야외무대가 설치되어 있다. 다행히 한 테이블이 비어 있어서 얼른 자리에 앉았다. 조금 어수선했고 여느 유럽의 카페테리아처럼 낭만적인 분위기는 아니었지만 이게 바로 포르투갈스러운 모습이라 생각했다. 커피 한 잔을 시켜 놓고 미술관 홈페이지에 접속해서 미술관의 유명한 컬렉션을 훑어보았다.

포르투갈 화가로는 르네상스 시대 대표적인 화가였던 그레고리우 로페스Gregório Lopes, 19세기 초 주앙 6세의 궁정화가였던 도밍구스 세케이라Domingos Sequeira의 그림들이 있고, 다른 유럽 화가로는 히에로니무스 보쉬, 라파엘로, 뒤러 등의 그림을 보유하고 있었다. 그 중에서 꼭 보고 싶은 그림 몇 개를 골라 놓고 미술관 안으로 입장했다. 내가 감상한 그림들 중에서 인상이 깊었던 그림 몇 점을 지금부터 소개하고자 한다.

에스프레소 잔이 놓여진 빈 테이블이 내가 앉았던 자리였다. 미술관으로 들어가면서 사진을 남겼다.

미술관 내부 모습. 포르투갈 귀족이자 인도 총독이었던 타보라 백작의 소유였던 자넬라스 베르드스janelas Verdes 궁전을 정부에서 구입한 뒤 1884년에 왕실 컬렉션을 중심으로 국립미술관을 건립했다.

| 히에로니무스 보쉬, 〈성 안토니우스의 유혹〉
  1501년, 리스본 국립고대미술관

네덜란드의 남부 지방에서 태어난 히에로니무스 보쉬1450~1516는 살아 생전 많은 작품을 남기지는 않았다. 그의 작품을 가장 많이 소장하고 있는 미술관은 마드리드에 있는 프라도 미술관이다. 1516년 보쉬 사후에 당시 스페인 제국의 황제였던 펠리페 2세가 그의 그림들을 사들였기 때문이다.

1501년에 그린 〈성 안토니우스의 유혹〉은 리스본 소재 한 성당의 제단을 장식했던 그림이었다. 이 그림을 이해하려면 우선 성 안토니우스에 대해 알아볼 필요가 있다.

성 안토니우스는 251년경 이집트에서 태어난 성인이다. 부유한 가정에서 태어났지만 그의 부모가 사망한 뒤 모든 재산을 가난한 자들에게 나누어 주고 은수자가 되었다. 그가 기독교 역사상 최초의 수도원 생활을 했던 수사라는 사실은 여전히 정확히 밝혀진 바가 없으나, 문명과 단절된 사막에서 엄격한 생활을 했던 철저한 금욕주의자였다는 사실은 분명하다.

그가 사막을 순례하면서 겪은 일화는 〈성 안토니우스의 유혹〉이라는 제목으로 미켈란젤로와 얀 브뢰헬 등 많은 거장들에 의해 그려졌다.

성 안토니우스는 사막을 여행하던 중 커다란 황금을 발견하게 된다.

사막 한 가운데에 놓인 황금을 보자마자 그것이 사탄의 교활한 유혹이라는 것을 직감하게 된다. 황금을 거들떠보지도 않은 채 사탄에게 말한다.

"세상의 그 어떤 부귀영화도 예수 그리스도보다 귀하지 않도다. 나는 이 유혹을 이기기 위해 더욱 더 겸손해질 것이다."

마켈란젤로의 〈성 안토니우스의 유혹〉

보쉬의 그림 앞에 서면 마치 흥미진진한 옛날 이야기를 들려주던 할아버지와 함께 있는 듯한 기분이 든다. 보쉬의 그림은 특별하다. 그가 외계인일지도 모른다는 말이 지금까지도 나올 정도로 그의 상상력과 기괴함은 그야말로 독보적이다. 많은 사람들이 보쉬의 그림을 좋아하는 이유이다.

제일 먼저 왼쪽 패널 상단을 자세히 보면 사탄들이 성인을 공중으로 끌고가 괴롭히는 장면을 묘사했다. 그 시련 중에 하늘을 향해 두 손을 모으고 기도하는 모습이 보인다. 수도복에 새겨진 'T'자는 '청빈'을 상징하는 '타우 십자가'로서 그가 안토니우스 성인이라는 것을 알 수 있다.

　왼쪽 패널 중간에 주교복을 입고 있는 동물이 손에 쥔 지팡이를 자세히 보면 초승달 모양을 하고 있다. 초승달이 의미하는 것은 이슬람이다. 가톨릭의 성직자를 비꼬고 있는 장면이다. 주교가 가는 길 앞에 한 남자가 엎드려 있는 곳은 사창가이다. 입구에 보이는 남자는 일을 마치고 밖으로 나가기 위해 눈치를 살피고 있고, 창가에 얼굴을 내민 여인은 다음 손님을 기다리고 있다.

　다리를 건너고 있는 사람들이 보인다. 같은 수도회 수사들이 성인을 부축하고 있다. 축 늘어진 성인의 손이 인상적이다. 그런데 자세히 보면 수도복을 입지 않은 사람이 보이는데 그가 바로 이 그림을 그린 보쉬 자신이다. 사탄의 유혹을 받아 지친 성인을 본인 스스로가 부축하

고 있다.

정면의 그림 중앙에 성인이 앉아 있고 그 앞에는 십자가에 매달린 예수상이 있는 제단이 보인다. 제단 왼쪽에 서 있는 사람이 누구인지는 알 수 없다. 화가는 이 그림에 나오는 등장 인물에 대해 언급하지 않는다. 중세의 그림들은 제목조차 없었던 터라 그림 속에 감춰진 인물 하나 하나를 이해하는 것은 오로지 우리들의 몫이다.

성인의 바로 왼쪽에 있는 여인이 반대편에 있는 가난한 수녀에게 마실 물을 건네고 있는 장면이 나온다. 여인의 옷을 마치 동물의 꼬리처럼 표현한 것으로 봤을 때 이 여인이 겉으로는 자선을 행하고 있지만 사실은 자선을 핑계로 성인을 유혹하고자 하는 속내를 표현하고 있는 듯하다. 하지만 여기서 눈에 띄는 장면은 중앙에 있는 안토니우스 성인이 아름다운 여인들의 반대편을 응시하며 세상적인 쾌락을 등지는 모습이다.

식탁을 서빙하는 흑인 여성이 들고 있는 접시를 보면 작은 생명체가 달걀을 들고 있는 장면이 나오는데 세상을 어지럽혔다는 죄목으로 제우스로부터 평생 지구를 들고 있으라는 형벌을 받은 티탄 족의 아틀라스가 연상되기도 한다.

리스본 국립고대미술관

　제단 뒤쪽에 연기가 피어 오르는 둥근 회색 건물 밑을 보면 술에 취해 옷을 벗고 계단을 내려가는 수도사가 보이고 위에서 그런 수도사를 훔쳐보는 수녀가 보인다. 우리 눈에 잘 보이지 않는 곳에서도 보쉬는 세상의 타락과 인간의 본성을 꼬집고 있다.

　그림의 우측 패널은 사막에서 유혹을 받는 성인의 모습이 그려진다. 스페인의 초현실주의 화가 살바도르 달리가 그린 〈성 안토니우스의 유혹〉은 사막에서 사탄의 유혹을 십자가로 물리치는 장면이 연출되는데, 달리의 그림에서처럼 여기서도 나체의 여인이 등장한다. 여인은 나무 안에서 옷을 벗고 성인을 유혹하고 있지만 성인은 고개를 다른 쪽으로 돌려 외면하고 있다. 시선이 향하고 있는 식탁에는 빵 두 조각이 놓여있다. 나팔을 불고 있는 사람은 식탁 위로 보이는 모습만 옷을 걸치고 있다. 성인의 시각으로 봤을 때 언뜻 보기에는 일반적인 식탁으로 보이지만 그 밑에는 온갖 추악한 일들이 벌어지고 있다. 성인은 마치 세상이 주는 쾌락의 이면을 모두 아는 듯한 표정으로 여전히 성경책을 든 채 물끄러미 바라보고 있다.

살바도르 달리, 〈성 안토니우스의 유혹〉, 1946년, 브뤼셀, 벨기에 왕립미술관

 보쉬의 그림은 성직자들을 비꼬는 내용이 많기 때문에 성당을 장식하기에 어려워 보인다. 하지만 실제로 교회를 장식했다. 나는 그 이유를 이 그림이 주는 전체적인 메시지에 있다고 생각한다. 성직자들이 처음 이 그림을 봤을 때는 자신들을 비꼬는 듯한 화가의 의도가 의심스러웠을지도 모른다. 하지만 그것이 자신들이 세상에 비춰지는 실제 모습일지도 모른다는 죄의식이 생겨나고, 세상의 쾌락들이 사실은 얼마나 기괴하고 흉측한 모습인지를 적나라하게 표현한 이 그림의 메시지가 하늘이 주는 음성이라고 판단했을지도 모를 일이다.

| 알브레히트 뒤러, 〈성 히에로니무스〉, 1521년, 리스본 국립고대미술관

독일 르네상스의 대표 화가 뒤러는 뉘른베르크에서 태어났다. 몇 년 전 뉘른베르크에 있는 뒤러의 생가를 방문한 적이 있었는데 그는 4층짜리

알브레히트 뒤러, 〈자화상〉, 1498년, 마드리드, 프라도미술관

건물을 통째로 소유하고 있던 부호였다. 게다가 뒤러의 건물은 뉘른베르크 성 안에 위치해 있었다. 중세에 집이 성 안에 있다는 것은 그가 남부럽지 않은 재산가였다는 것을 의미한다. 중세에서 성 안에 살 수 있다는 것은 안전과 편리 두 측면에서 많은 것을 누리고 살았다는 증거이다. 성 안에 사는 대가로 청구됐던 막대한 세금을 지불할 수 있었던 것도 이탈리아로 여러 번 여행을 갔던 것도 모두 그의 재력 덕분이었다.

제롬 혹은 에로니모라고 불리는 히에로니무스347~420는 가톨릭의 성직자이다. 성서를 라틴어로 번역한 성서 학자로 더욱 유명하다. 때문에 그는 번역가의 수호 성인이기도 하다.

그와 관련된 전설이 여러 개 있는데 대표적인 전설은 사자와 관련된 일화이다. 성서를 번역하는 일에 몰두하던 어느 날 히에로니무스 앞에 다리를 절뚝거리는 한 사자가 나타났다. 자세히 보니 사자의 앞발에 커다란 가시가 하나 박혀 있었는데 히에로니무스가 그 가시를 빼 주자 사자는 몸을 성인에 기대어 비비며 고마움을 표시했다고 한다. 그 이후로 죽을 때까지 성인의 곁을 지켰다고 전해진다. 이 전설로 인해 히에로니무스의 그림에는 사자가 함께 등장하는 경우를 흔히 볼 수 있다. 또한 도상학적인 관점에서 볼 때 히에로니무스를 표현한 작품에서는 사자뿐 아니라 해골도 쉽게 찾아볼 수 있는데, 해골을 함께 그려 넣는 이유는 히에로니무스가 책상에 앉아 일을 할 때 일부러 해골을 곁에 두었다고 전해지기 때문이다. 해골을 바라보며 언젠가 본인도 저렇게 해골이 될 것이고, 그 전까지는 최선을 다해 본연의 임무를 완수하겠다는 신념을 늘 기억하기 위해서였다.

그림 속의 모델은 뒤러가 안트베르펜을 지나던 중에 우연히 만난 노인을 즉석에서 스케치했고 그 인물을 히에로니무스에 대입시킨 것이다. 뒤러가 이 노인을 처음 보자마자 히에로니무스의 모델에 적합하다고 생각하고 스케치를 한 것인지는 모르겠으나 이 노인에게서 느껴지는 독특한 인상이 뒤러의 마음을 사로잡았을 것으로 추측된다.

이 그림은 다른 히에로니무스의 그림과는 다르게 온전히 성인의 얼굴에 집중이 된다. 얼굴을 가득 메우고 있는 진한 주름과 고령을 암시하는 긴 수염은 성인이 성서를 번역하는 데 얼마나 긴 시간과 노력을 기울였는지 가늠할 수 있다. 성인이 한 손으로는 자신의 머리를 잡고 또 다른 손으로는 해골을 가리키며 정면을 응시하고 있다. 해골은 책과 펜 사이에 놓여 있다. 그의 작업이 마치 죽음에 이르는 엄청난 고통이라고 말하는 듯하다.

대 한스 홀바인, 〈성인들과 함께 있는 성모와 아기 예수〉
1519년, 리스본 국립고대미술관

아버지와 아들이 이름이 똑같아서 아버지를 대 홀바인, 아들을 소 홀바인으로 구분한다. 하지만 아들 홀바인이 훗날 더 유명해지면서 보통 한스 홀바인이라고 하면 아들을 지칭한다.

아들 한스 홀바인 1497~1543은 독일의 르네상스를 대표하는 화가이자 영국 헨리 8세의 궁정화가였다. 세계사에 등장하는 위풍당당한 헨리 8세의 초상화를 그린 화가가 바로 한스 홀바인이다.

아버지 대 한스 홀바인 1465~1524은 아우크스부르크에서 태어나고 이젠하임에서 사망한 독일의 대표 화가 중 한 명이다.

그림의 중앙에 아기 예수를 안고 있는 성모 마리아 주변으로 여러 성인들이 모여 있다. 성모 마리아 뒤로 코린트 양식의 두 대리석 기둥이 받치고 있는 르네상스 양식의 건축물은 승리의 아치이다. 아치 뒤와 아치 두 측면에 위치한 천사들로 이어지는 구도를 통해 완벽한 원근법을 표현했다. 화가는 빛을 이용해 시각적으로 더욱 선명한 효과를 표현하고 있다.

성모 마리아 주변의 성인들은 매우 자연스러운 장면을 연출하면서도 전체적인 구도에 크게 벗어나지 않고 있다. 전통성을 탈피한 화가의 과감한 인물 배치와 표현이 인상적인 그림이다.

| 루카스 크라나흐, 〈살로메〉, 1515년, 리스본 국립고대미술관

루카스 크라나흐는 독일의 크라나흐에서 태어나 바이마르의 궁정화가로 활동했다. 독일에서 가장 영향력 있는 화가였으며, 사교계에서도 중요한 인사였고 종교 개혁을 이끈 마틴 루터와는 절친한 사이였다. 알브레히트 뒤러의 영향을 받기도 했던 루카스 크라나흐는 주로 신화 그림과 저명 인사들의 초상화를 그렸다.

상당히 잔인해 보이는 이 그림에서 쟁반 위에 잘려진 머리를 들고 있는 여인은 바로 살로메이다. 그리고 쟁반에 담긴 머리는 세례자 요한이다. 이스라엘의 왕인 헤롯의 생일을 맞아 축하연회장에서 살로메가 춤을 추었고, 의붓딸의 아름다운 춤에 기분이 좋아진 헤롯이 살로메에게 소원 하나를 들어주겠다는 약속을 하게 된다. 어머니 헤로디아에게 사주를 받은 살로메는 세례요한의 목을 달라고 요청하고 헤롯은 어쩔 수 없이 세례요한을 죽이게 된다.

"마침 기회가 좋은 날이 왔으니 곧 헤롯이 자기 생일에 대신들과 천부장들과 갈릴리의 귀인들로 더불어 잔치할 새, 헤로디아의 딸이 친히 들어와 춤을 추어 헤롯과 그와 함께 앉은 자들을 기쁘게 한지라. 왕이 그 소녀에게 이르되 무엇이든지 네가 원하는 것을 내게 구하라. 내가 주리라 하고. 또 맹세하기를 무엇이든지 네가 내게 구하면 내 나라의 절반까지라도 주리라 하거늘. 그가 나가서 그 어머니에게 말하되 내가 무엇을 구하리이까. 그 어머니가 이르되 세례요한의 머리를 구하라 하니." 마가복음 6장 21절 ~ 24절

헤롯과의 결혼을 공식적으로 비난했던 세례요한을 헤로디아가 제거하면서 그 머리를 쟁반 위에 담아서 달라고 요청했던 배경에는 자신에게 반하는 세력이 어떻게 되는지 많은 사람들에게 보여주고자 했던 의도가 숨어 있었다.

앞에서 잠깐 언급했던 '도상'이라는 것에 대해 알아볼 필요가 있다. '도상학'이란 작품 속에 등장하는 아이콘이콘'을 통해 작품을 해석하고 이해하는 미술사의 한 분야이다. 쉽게 말하자면 그림 속의 여러 오브제를 이용해 그림의 주제와 등장인물에 대한 정보를 얻는 것이다.

예를 들면 누군가가 화살에 맞아 죽었다면 그는 세바스티안 성인이고, 돌에 맞아 죽었다면 스테반 성인이다. 한 남자가 손에 열쇠를 쥐고 있다면 예수님의 수제자 베드로, 한 손에는 책, 다른 손에는 칼을 잡고 있는 남자는 사도 바울이다. 복음사가인 마태, 마가, 누가, 요한을 의미하는 것은 순서대로 천사, 사자, 소, 독수리이고, 어린 아이를 어깨에 앉히고 지팡이를 들고 있는 사람은 크리스토퍼 성인이다.

유럽 여행을 하면서 가장 많이 볼 수 있는 도상은 바로 '성 조지'인데 건장한 남성이 칼로 용을 찌르는 모습을 하고 있다. 그런데 자세히 봤을 때 남성의 몸에 날개가 붙어 있는 경우가 있는데, 이런 경우는 성 조지가 아니라 미카엘 대천사이다.

살로메도 마찬가지이다. 남자의 머리를 들고 있다고 해서 모두가 살로메는 아니다. 머리를 쟁반에 담고 있으면 살로메이고 머리 옆에 칼이 있는 경우에는 유디트가 된다. 이처럼 도상은 각각의 이야기가 숨겨져 있다.

베드로가 열쇠를 들고 있는 이유는 예수님께서 수제자 베드로에게 하늘로 가는 열쇠를 주셨기 때문이고, 사도 바울은 로마에서 순교할 당시 참수형에 처해졌기 때문에 칼이 그의 상징이 된 것이다.

도상에 대한 기본적인 정보를 알고 있다면 유럽 여행이 더욱 유익해 질 것이다.

두 그림 모두 루카스 크라나흐의 작품이다. 왼쪽은 쟁반이 있으므로 살로메이고, 오른쪽은 칼을 들고 있으므로 유디트라는 것을 알 수 있다.

벨렝지구

테주 강을 바라보며 우뚝 솟은 〈발견 기념비〉Padrão dos Descobrimentos 전망대에 올랐다. 저 멀리 4월 25일 다리가 보인다. 다리가 세워진 1966년에는 포르투갈의 독재자 살라자르의 이름을 따 〈살라자르 다리〉라고 불렸으나, 1974년 4월 25일에 있었던 무혈 쿠데타, 일명 '카네이션 혁명' 이후로 〈4월 25일 다리〉Ponte 25 de Abril로 이름을 바꾸었다.

이베리아 반도에서 가장 긴 강인 테주 강은 아득한 대서양을 향해 고요히 흐른다. 15세기 말 포르투갈의 항해자 바스코 다 가마Vasco da Gama 일행은 바로 이 강을 통해 미지의 세계로 발을 내딛었다. 1498년에 드디어 인도를 발견했고, 포르투갈의 국왕 마누엘 1세는 그의 성공적인 항해를 기념하기 위해 제로니모스 수도원 건립을 명했다.

53m 높이의 〈발견 기념비〉. 엔히크 왕자 서거 500주년을 기념해 1960년에 세워졌다. 그 뒤에 보이는 〈4월 25일 다리〉는 총 길이가 2,277m로, 현수교로는 유럽에서 두 번째로 길다.

    전망대에 서서 건물의 총 길이가 300m가 넘는 제로니모스 수도원 전체를 바라보니 당시에 포르투갈이 어느 정도 부유했는지 실감할 수 있었다.

    1502년부터 시작해 완공까지 무려 100년이 소요됐다. 이때가 포르투갈 역사의 황금기였다. 제로니모스 수도원 건립은 유럽의 변방에 지나지 않았던 포르투갈이 명실공히 강대국으로의 부상을 알리는 신호탄이었다.

    인도에서 후추가 수입되고 앙골라, 카보 베르데, 모잠비크 등의 아프

〈발견 기념비〉 전망대에서 보이는 제로니모스 수도원.
1984년 유네스코 문화 유산에 등재되었다.

리카 식민지에서 자원 유입과 세금, 노예 무역이 성행하면서 포르투갈은 전례 없는 호황을 누렸다. 마누엘 1세는 '행운 왕'이라는 별명까지 얻었다.

왜 후추가 세계사와 세계지도를 바꾸어 놓았는지는 좀 더 자세히 살펴볼 필요가 있다. 여기서 우리가 주목해야 할 연도 두 개가 있는데, 1453년과 1498년이다.

1453년, 가톨릭이 천 년 이상 지켰던 동서양의 교차로 콘스탄티노플현 이스탄불이 오스만 제국에 의해 함락되면서 중국에서 출발한 실크로드와 인도 및 중동지역에서 들어오는 향신료 무역의 주도권이 이슬람 세력에게 넘어갔다.

당시 유럽 사회에서 가장 인기 있는 사치품에는 중국 도자기, 비단과 함께 후추가 포함되어 있었다. 음식의 부패를 방지하고 향미를 풍부하게 만드는 후추는 특히 귀족 사회에서의 수요가 많아서 그 가치가 갈수록 높아지고 있는 상황이었는데, 콘스탄티노플의 주인이 바뀌면서 후추의 가격이 기하급수적으로 올라간 것이다. 그런데 유럽의 국가 중에서 그 후추가 가장 비싸게 거래되던 곳이 바로 스페인과 포르투갈이었다. 지도상으로 보면 지금의 이스탄불과 이베리아 반도는 유럽의 정 반대에 위치해 있다. 그만큼 물류비용만으로도 막대한 비용이 뒤따랐던 것이다.

두 나라는 인도와 직거래를 하기 위해 인도 항로를 직접 개척하기에 이르렀고, 콜럼버스는 1492년에 아메리카 대륙에, 바스코 다 가마는 1498년에 인도에 도착한다. 결국 이 항해로 인해 포르투갈과 스페인은 해외 영토 확장과 식민지 확보를 통해 제국으로 부상하게 된다.

이런 관점에서 보는 역사는 흥미진진하다. 오스만의 메흐메트 2세가 콘스탄티노플을 정복하고 유럽으로 진출해 지금의 오스트리아 *빈까지

 쉴레이만 대제의 빈 공방전

1529년 쉴레이만 대제의 빈 공방전, 1571년 셀림 2세 때 벌어진 레판토 해전 등 가톨릭과의 중요한 전투에서 번번이 참패를 당했던 가장 큰 요인은 당시 유럽 최강대국이었던 스페인이 있었기 때문이었다.

포위하며 유럽 정복이 코앞으로 다가온 듯 보였지만, 결국 스페인 제국에 의해 꿈이 좌절되었다. 또한 1453년 이후 비잔티움의 학자와 예술가들이 대거 베네치아로 이주하게 되었고, 이는 훗날 유럽의 르네상스에 직접적인 기여를 하게 된다. 서양과 동양의 격차가 벌어지기 시작하는 시점이었던 것이다.

전망대에서 기념비 앞 광장을 내려다보니 바다 모양을 파도가 출렁이는 형상으로 만들어 놓았고 그 중심에 커다란 나침반과 정 중앙에 세계지도가 눈에 띄었다. 다시 엘리베이터를 타고 내려와 광장으로 갔다. 석회암 조각을 이용해서 만든 모자이크 바닥은 대서양의 거센 파도를 표현했고, 대리석으로 장식해 놓은 중앙의 세계지도에는 포르투갈의 항해 루트를 기록하고 있다. 수많은 관광객들이 자신의 나라 위에 발을 딛고 기념사진을 찍는다.

전망대에서 바라본 발견 기념비 광장

① **엔히크 왕자** Infante D. Henrique: 포르투갈의 대항해 시대를 연 인물
② **아폰수 5세** D. Afonso V: 엔히크 왕자의 신대륙 개척을 지지한 포르투갈의 왕
③ **바스코 다 가마** Vasco da Gama: 인도 항로를 개척하고 인도 총독에 오른 포르투갈의 항해가
④ **페드루 알바레스 카브랄** Pedro Álvares Cabral: 인도 항해 도중 표류하여 브라질을 발견하게 됨(1500년 4월 22일)
⑤ **페르디난드 마젤란** Fernão de Magalhães: 대서양과 태평양을 횡단하여 세계 최초로 세계일주를 한 항해가. 마젤란 해협 발견
⑥ **에스테방 다 가마** Estevão da Gama: 바스코 다 가마의 둘째 아들이자 포르투갈의 항해가
⑦ **바르톨로메우 디아스** Bartolomeu Dias: 인도 항로 개척의 기초가 된 희망봉을 발견(1488년)

⑧ **페르난두 왕자** Infante D. Fernando: 주앙 1세의 막내 아들이자 엔히크 왕자의 동생. 1437년 모로코에서 체포되어 포로로 지내다 사망

⑨ **주앙 곤살베스 자르쿠** João Gançalves Zarco: 세우타 정복에 참여한 기사 출신의 탐험가. 축구 선수 호날두의 고향인 마데이라 섬을 발견(1419년)

⑩ **질 에아네스** Gil Eanes: 포르투갈 남부 라고스 출신의 항해가. 당시에는 공포의 한계점으로 인식되던 보자도르 곶을 통과하게 되면서 포르투갈 원정대의 본격적인 항해가 시작(1434년)

⑪ **페드루 누녜스** Pedro nuñes: 당대의 뛰어난 수학자이자 코임브라 대학 교수로 재직했으며 항해를 위한 지도 제작에 지대한 공헌을 함

⑫ **고메스 에아네스** Gomes Eanes de Zurara: 포르투갈의 역사학자. 1415 세우타 정복기 등 항해 역사를 기록에 남김

⑬ **누노 곤살베스** Nuno Gonçalves: 15세기 중반부터 활동한 포르투갈의 화가. 팔레트를 들고 있는 모습이 인상적이다.

⑭ **루이스 카몽이스** Luiz Vaz de Camões: 포르투갈의 대표 시인. 포르투갈의 대항해 시대와 고대 포르투갈의 신화적인 요소를 접목한 애국적 대 서사시 [우스 루지아다스]를 펴냄

⑮ **페르낭 멘데스 핀투** Fernão Mendes Pinto: 16 세기 중반에 활동한 포르투갈의 작가이자 여행가. 전세계를 여행하면서 [핀투 여행기]를 출간했다.

⑯ **필리파 렝카스트르 여왕** D. Filipa de Lencastre: 잉글랜드 출신의 포르투갈 여왕. 주앙 1세의 아내이자 엔히크 왕자의 어머니였으며 포르투갈 최초의 여성 승선원으로 기록됨

다시 〈발견 기념비〉 쪽으로 다가갔다. 기념비는 15세기 포르투갈 선원들이 탔던 범선을 모티브로 디자인되었다. 기념비 양쪽으로 수십 개의 조각이 눈에 띄었다. 강변을 향하고 있는 뱃머리에 가장 선두로 서 있는 인물은 항해 왕자 엔히크 1394~1460이다.

아비스 왕조의 첫 번째 왕이었던 주앙 1세의 셋째 아들로 태어난 엔히크는 포르투갈 역사상 가장 많은 업적을 남긴 왕족 중의 하나이다.

1415년 모로코의 세우타 정복을 시작으로 북아프리카 무역을 직접 추진했으며, 미래를 내다보는 통찰력으로 포르투갈 남부 사그르스Sagres에 항해 연구소를 설립, 그곳에 천문학자, 수학자, 항해자 등을 모아 대항해 시대의 초석을 마련했다.

엔히크는 항해술을 진정한 과학으로 발전시킨 장본인이며, 역사에서도 그의 판단력과 결단을 높이 평가하고 있다.

대체적으로 대항해 시대의 선발 주자는 스페인과 포르투갈, 후발 주자는 영국, 프랑스, 네덜란드로 분류하곤 하지만, 엄밀히 따지자면 선발 주자 중에서도 포르투갈이 스페인보다 한 세기 앞서 있었고 그 중심에는 항해 왕자 엔히크가 있었다.

자신이 개발한 카라벨선범선. 3~4개의 돛대가 있는 쾌속선을 들고 위풍당당하게 서 있는 엔히크 뒤에 있는 인물은 아폰수 5세, 그 뒤에는 바스코 다 가마의 조각이 보인다. 다른 쪽에는 항해가 뿐만 아니라 과학자, 역사가, 작가, 화가, 여행가 등 대항해 시대를 이끌고 또 그 역사를 기록했던 다양한 인물을 묘사하고 있다. 혼천의천체관측기구를 들고 있는 페드루 누녜스, 팔레트를 들고 있는 누노 곤살베스, 책을 들고 있는 민족 서사시인 루이스 카몽이스의 조각들이 흥미롭다.

제로니모스 수도원 앞에 다가서니 거대한 규모가 압도적이다. 마누엘 양식으로 장식된 항해를 상징하는 요소들, 예컨대 혼천의나 밧줄, 조가비 문양으로 멋을 낸 순백색의 거대한 건축물은 지난 포르투갈 제국의 영광을 나타내는 듯하다.

제로니모스는 4세기경에 활동한 가톨릭 교부이며, 헬라어로 된 성경을 라틴어로 번역한 불가타 성경의 역자이다. 제로니모스는 성 어거스틴, 성 암브로시우스와 함께 그리스도인의 수도 생활을 강조했던 성인이다.

입구는 두 군데가 있는데 수도원은 유료이고 산타 마리아 성당은 무료이다. 수도원 내부는 특별히 꼭 들어가야 할 정도로 볼거리가 많지는 않지만 내부 중정에 들어서면 사방이 벽으로 둘러 싸인 곳에서 오로지 하늘만 바라보며 수도 생활을 했던 수도사들의 신앙을 조금이나마 엿볼 수 있을 것이다. 수도원 내부에 있는 페르난도 페소아의 묘도 관람할 수 있다.

제로니모스 수도원에 속해 있는 산타 마리아 성당 내부에 들어서면 양쪽에 두 개의 석관을 볼 수 있다. 한쪽엔 바스코 다 가마, 반대쪽엔 루이스 카몽이스의 묘가 자리하고 있다.

귀족 집안에서 태어난 바스코 다 가마1469~1524는 인도까지 항해한 최초의 유럽인이며, 1519년에 마누엘 1세로부터 귀족 작위를 받았고,

마누엘 양식의 정수를 보여주는 제로니모스 수도원. 1498년 인도 항로 개척을 기념하여 세워졌는데, 실제로 마누엘 1세가 교황청에 수도원 건립을 요청한 년도는 1496년이었다. 마누엘 1세는 인도 항로 개척에 대한 확신이 있었던 것으로 추정된다.

제로니모스 수도원 남문. 16세기 포르투갈 최고의 건축가인 카스틸류João de Castilho의 작품이다.

두 개의 문 사이 기둥에 홀로 서 있는 조각은 엔히크 왕자, 양쪽 기둥에 정면을 응시하고 있는 두 조각은 베드로와 사도 바울, 아치 중앙 상단에 위치한 성모 마리아와 아기 예수 주변에는 성 제로니모스를 포함한 4대 교부, 다니엘과 이사야를 비롯한 구약 시대의 선지자들, 성 카타리나를 비롯한 동정녀 순교자들의 조각들이 세워져 있다.

제로니모스 수도원 내부 중정. 사방이 막힌 중정에서 수도사들의 하루가 시작된다.

페르난도 페소아의 묘. 1935년에 사망했고, 1985년에 제로니모스 수도원으로 이장했다.

인도 항로를 개척한 바스코 다 가마

「우스 루지아다스」의 저자 루이스 카몽이스

산타 마리아 성당 내부에 있는 바스코 다 가마의 석관

루이스 카몽이스의 석관

산타 마리아 성당 내부. 마누엘 양식의 화려한 석조 기둥이 인상적이다.

훗날 인도 총독으로 임명된다.

비슷한 시기에 활동했던 또 다른 항해가 콜럼버스가 떠오른다. 그가 1492년 스페인의 후원을 받아 항해를 떠났을 때 이사벨 여왕과의 계약은 식민지의 총독 임명, 총 수익의 10% 지분, 스페인 귀족의 작위를 받는 것이었다. 하지만 총 네 번의 항해를 하면서도 콜럼버스는 이 세 가지 중에 그 어떤 것도 얻지 못했다. 어쩌면 바스코 다 가마는 콜럼버스가 그토록 원했던 삶을 살았던 인물이기도 하다.

루이스 카몽이스1524~1580는 리스본에서 태어나 코임브라 대학에서 공부했다. 1547년 세우타에서 벌어진 전투에 참전해서 오른쪽 눈을 잃었고, 그 후 고국으로 돌아오는 길에 폭력 사건에 연루되어 감옥에 갇히게 된다. 투옥 중에 대서사시 「우스 루지아다스」 1편을 쓰게 된다. 그 이후에도 인도와 마카오에서 여러 전투에 참전하는 등 소설 같은 삶을 살았다. 그의 삶은 『돈키호테』의 저자 세르반테스1547~1616를 떠올리게 한다. 1571년 레판토 해전에서 왼팔을 잃고 고국으로 돌아오는 길에 해적에게 납치되어 노예 신세로 몇 년을 보냈고, 어렵게 고국으로 돌아와 세금 징수원으로 근무하다가 교회 재산 횡령 혐의로 재판을 받고 감옥에 갇히는 신세가 된다. 그 역시 복역 중에 돈키호테를 구상했던 것으로 알려진다.

벨렝지구에서 단 한 곳만 방문할 수 있다면 꽤 많은 사람들은 벨렝 빵집을 선택할 것이다. 세계에서 제일 맛있는 에그타르트를 팔고 있는 곳

벨렝 빵집 외관   오븐에서 방금 나온 에그타르트

이다. 현재 5대째 이어오고 있는 〈벨렝 빵집〉 파스테이스 드 벨렝 Pastéis de Belém 은 1837년에 개업하여 180년간 운영되고 있다. 매일 2~3만 개 정도가 이 한 매장에서 판매된다고 하니 그저 놀라울 뿐이다.

에그타르트를 처음 만든 곳은 제로니모스 수도원이었다. 19세기 들어 포르투갈의 수도원들이 하나 둘씩 문을 닫게 되면서 수도원에서 수도사들이 만들어 팔던 에그타르트의 제조 비법을 민간 기업이 전수받은 것이다. 이 레시피를 아는 사람은 〈벨렝 빵집〉 주인과 매니저, 공장장뿐이라고 하는데 반죽을 만들고 그 위에 크림을 얹어 오븐에 굽는 방식은 모든 빵집이 동일하지만 반죽과 크림 제조의 상세한 비율에 대해서는 비밀을 유지하고 있다고 한다.

영어로는 에그타르트이지만 포르투갈 현지에서는 "파스텔 드 나타"Pastel de Nata라고 한다.

세계에서 제일 맛있는 에그타르트를 먹을 기회가 생기게 된다면 포르투갈 점원에게 용기 내어 현지어로 주문을 해보는 것도 좋을 것 같다. "파스텔 드 나타"라고.

페나성을 배경으로 사진을 찍고 있는 관광객

Sintra
신트라

신트라 중심부에서 약간 벗어난 곳에 위치한 로렌스Lawrence호텔은 영국 출신의 낭만파 시인 조지 고든 바이런이 머물렀던 곳으로 유명하다. 그 이후로 포르투갈의 문호 카밀루 카스텔루 브랑쿠, 에사 드 케이로스 등이 이곳을 찾았다.

바이런은 1807년에 대학을 졸업하자마자 유럽 여행을 떠난다. 1808년부터 1811년까지 포르투갈과 스페인, 그리스를 여행했다. 이 여행을 토대로 쓴 책이 바로 『차일드 해럴드의 순례』Childe Harold's Pilgrimage이다. 이 책으로 바이런은 세계적인 작가의 반열에 오름과 동시에 낭만주의 문학의 선두주자라는 타이틀을 얻게 된다. 그 후 몰타와 그리스 등을 여행하면서도 자신의 첫 여행지였던 포르투갈을 그리워했다. 그 중에서도 바이런이 '에덴 동산'이라고 표현했던 신트라는 그가 가장 사랑했던 곳이다.

중세부터 20세기 초까지 역대 포르투갈의 왕들은 신트라에 여름 별궁을 지어 놓고 휴가를 즐겼다.

누구든지 신트라에 도착하면 사람들이 왜 신트라를 좋아하는지 쉽게 이해할 수 있다. 신트라 기차역에 내려 시내 중심까지 걷는 산책길에는 포르투갈 예술가의 조각들이 여행객을 반갑게 맞아준다. 길 양쪽으로는 나무가 늘어서 있고 저 멀리 소나무 숲 뒤로는 중세에 만들어진 새하얀 신트라 궁전이 자리하고 있다. 어느 방향으로 고개를 돌려봐도 초록빛으로 가득한 신트라는 관광객으로 가득 차 있을지라도 충분히 여유가 넘치고 편안한 곳이다.

유네스코 문화 유산으로 지정된 신트라 구시가지에는 신트라의 명물 과자 트라베세이루Traveseiro를 파는 〈피리키타〉Piriquita 빵집 주변으로 여행자를 유혹하는 아기자기한 상점들이 가득하다.

산 정상에 세워진 성벽은 무어 성Castelo dos Mouros이다. 8세기 초에 이베리아 반도로 침략해 온 이슬람인들을 가리켜 '무어'라고 불렀다. 이름은 무어 성이지만 사실은 무어인들의 침략 이전인 서고트 통치 시절에 처음 만들었다고 전해진다. 무어인들이 차지한 성을 되찾기 위해 가톨릭인들은 11세기부터 수차례 치열한 전투를 치러야 했다.

무어 성 아래에는 동화에서나 나올 법한 페나 궁전Palácio Nacional de Pena이 자리하고 있다. 포르투갈 왕실에서 신트라에 관심을 갖기 시작한 것은 마누엘 1세 때였다. 1498년 바스코 다 가마의 성공적인 귀환에 대한 감사로 이곳에 페나 수도원을 세웠다. 초기에는 왕족들의 여름 휴가

볼타 두 두쉐Volta do Duche 산책길에 전시된 조각들

신트라 필수 코스 〈피리키타〉 빵집 입구 신트라 구시가지 중심부

"베게"라는 뜻의 트라베세이루.
모양이 베개 모양으로
생겼다고 해서 붙여진 이름이다.

시내 중심에 위치한 신트라 성. 8세기에 무어인들이 지었고,
그 후에 포르투갈 왕들에 의해 여러 번 보수하고 증축했다.

지로 사용되곤 하였으나 17세기 중반 이후로 왕족들의 발길이 뜸해졌다. 그 후 19세기부터 포르투갈의 귀족들을 중심으로 신트라에 별장을 짓는 상류층이 많아졌는데, 당시 왕이었던 마리아 2세와 페르난두 2세는 독일 건축가를 데려와 폐허 상태였던 수도원을 개조하여 지금의 페나 궁전을 만들었다.

동심을 자극하는 비비드 톤의 페나 성 외부

해발 450m 높이에 축조된 무어 성

시내 중심에 위치한 신트라 궁전을 지나 5분 정도 더 걸어가면 로렌스 호텔이 나온다.

난 호텔 바에 들어가서 에스프레소 한 잔을 주문했다. 호텔 안으로 깊숙이 들어가니 창 밖으로 울창한 숲이 보이는 작은 서재가 나왔다. 편한 소파에 앉아 창 밖을 내다봤다. 신트라에서 여기보다 더 좋은 곳은 없을 것 같았다. 호텔에서 숙박하지 않더라도 호텔 내부는 꼭 한 번 방문해 볼만한 가치가 있다.

호텔 내부를 구경하면서 객실 입구에 사람 이름이 적혀 있는 것을 우연히 발견했다. 바이런의 이름이 적혀 있는 방이 보였다. 그리고 다른 방에는 카밀루 카스텔루의 이름도 보였다. 카밀루는 포르투갈의 대표적인 낭만주의 소설가이다.

또 다른 방에 윌리엄 벡퍼드William Beckford라고 적혀 있었다. 나에겐 생소한 이름이어서 인터넷에 검색해 봤더니 바이런과 같은 영국 출신의 작가였다. 윌리엄 벡퍼드가 처음 신트라에 왔던 게 1787년이었으니 바이런보다 22년 먼저 신트라에 왔던 것이다. 공포 소설 「바테크」Vathek의 저자이며, 어렸을 때 모차르트로부터 직접 음악 수업을 받았을 정도로 부유한 가문에서 태어났다.

수십 년 전만 해도 포르투갈은 유명한 관광지가 아니었다. 스페인까지만 여행을 하고 다시 프랑스 쪽으로 돌아가는 관광객들도 적지 않았던 게 사실이다. 그런데 윌리엄 벡퍼드가 230년 전에 포르투갈까지 여행을 왔었다는 사실이 신기하기만 하다. 그 여행담이 바이런에게까지

1764년에 문을 연 로렌스호텔은 이베리아 반도에서 가장 오래된 호텔로 기록되어 있다.

로렌스호텔 내의 오래된 서재와 서재에서 보이는 아름다운 자연 경관

영향을 줬는지는 알 수 없지만 문학을 사랑하는 여행자가 있다면 이 호텔에서 숙박을 해보는 것도 좋을 것 같다.

이번에는 아주 특별한 관광지로 향한다. 로렌스 호텔에서 도보로 5분 거리에 있는 헤갈레이라 별장Quinta da Regaleira이다.

브라질에서 사탕수수와 보석 사업으로 큰 성공을 거둔 카르발류 몬테이루Antonio Augusto Carvalho Monteiro가 헤갈레이라 남작으로부터 1892년에 이 별장을 구입했고, 당시에 활동하던 최고의 건축가와 조각가들을 고용해서 자신이 원하는 모습으로 재건축했다.

1904년에 시작한 공사는 1910년에 마무리됐다. 당시에 주민들이 이 별장을 가리켜 '백만장자 몬테이루의 집'이라고 불렀다고 하니 그가 어느 정도로 부유했는지 짐작해 볼 수 있다.

별장 입구 바로 옆에는 몬테이루의 저택이 있다. 정교한 조각으로 장식된 고딕 양식의 5층 건물도 충분히 매혹적이지만 헤갈레이라 별장의 하이라이트는 다른 곳에 있다. 연못 입구Poço iniciático라고 적힌 안내판을 따라 5분 정도 천천히 올라갔다. 입구는 거대한 돌들로 둘러 쌓여 있었고 성인 한사람 정도 들어갈 수 있는 작은 틈으로 들어갔다.

"이건 말도 안 돼!"

입구에 들어섰다가 뒷걸음질 쳐서 다시 밖으로 나왔다. 미리 사진으로 본 장소였지만 실제로 보니 어딘가 모를 비현실적인 모습에 소름이 끼칠 정도였다.

지상에서 내려다본 모습. 내려가는 좁은 길은 더 깊어지고 더 어두워진다.

보티첼리가 그린 〈신곡–지옥의 지도〉.
댄 브라운의 소설 「인페르노」에 등장하기도 했다.

"어떻게 이런 건축물을 만들 수 있지?"

나 혼자 중얼거렸다. 이 동굴을 구경한 뒤에 4헥타르나 되는 거대한 별장을 천천히 둘러보겠다는 침착함을 잃어버린 채 오로지 이 기괴한 작품에 정신이 팔려 버렸다.

단테가 1308년에서 1321년 사이에 쓴 「신곡」에는 지옥을 아홉 단계로 나눠서 기술하고 있는데, 이 거대한 홀의 모티브가 바로 단테의 신곡에 나오는 '지옥'인 것이다.

이탈리아 조각가이자 무대 연출가인 루이지 마니니Luigi Manini에게 직접 의뢰한 별장 주인 몬테이루가 과연 어떤 의도로 이 공간을 만들었는지 궁금해졌다. 그는 포르투갈 최대 명문 대학인 코임브라 법대를 졸업했지만 정작 그가 관심 있었던 분야는 자연 과학이었다. 또한 예술과 문화, 건축에도 조예가 깊었던 인물이었다. 그리고 그는 분명 철학적인 사고를 즐겼던 철학자였음에 틀림없다.

나는 다시 입구를 통해 들어갔다. 다른 관광객들은 나선형 계단을 통해 천천히 지하 깊숙한 곳으로 이동하고 있었다. 이곳이 「신곡」에 나오는 지옥이라면 지금 내가 발을 딛고 내려가는 이곳이 지옥의 1단계인 셈이다. 27m 깊이의 지옥을 바라봤다. 마치 지독한 악취가 올라오는 듯하다.

어슴푸레한 빛과 음침한 어두움. 심연의 속삭임. 창백한 대화. 긴장한 채 웅크린 맹수들. 저 지옥 끝까지 가는 아홉 단계의 지옥 여행의 입구에 선 나는 마치 700년 전의 단테가 된 것 같았다.

내가 인생의 덧없음을 느끼고 앞이 보이지 않는 어두운 숲 속에 빠져 헤매게 된 것은 이제 막 인생 나그넷길 반 고비를 넘어가던 때의 일이었다. 주위는 온통 어둠에 휩싸여 있었다. 어디가 어딘지 모를 깜깜한 숲 속의 골짜기였다.   - 단테 「신곡」 중에서

「신곡」 중에서 가장 기억에 남는 부분이 지옥의 입구에서 단테가 베르길리우스를 만나는 장면이었다. 「신곡」을 읽은 것은 아주 오래 전이었지만 단테와 베르길리우스가 만나는 장면은 마치 영화의 명장면처럼 기억에 남아 있었다.

"그대는 여기서 무얼 하는가"
"당신은 대체 누구십니까? 아니, 누구라도 상관없습니다. 당신이 사람이든 귀신이든 나를 살려줄 수만 있다면 말이지요."
"물론 나도 전에는 분명 자네와 같은 사람이었지. 지금은 아니지만 말일세. 난 이탈리아 반도의 유서 깊은 도시 만토바에서 태어났다네. 역사의 한 페이지를 장식하는 율리우스 카이사르의 말년이었지. 그리고 그 뒤를 잇는 현자 아우구스투스 황제 치세에 로마에서 살았다네. 아주 먼 옛날의 얘기지. 그때 나는 시인으로 트로이에서 온 안키세스의 영웅적인 아들을 기리는 찬가를 쓰기도 했었지"
"아니, 그렇다면 지금 내 앞에 있는 당신은 넓디넓은 언어의 강물을 흘려보내신 그 베르길리우스란 말입니까?"
"그렇다네. 내가 바로 베르길리우스라네."   - 단테 「신곡」 중에서

계단을 통해 밑으로 천천히 내려갔다. 겨우 한 명 정도가 내려갈 수 있는 좁은 길이어서 뒤에 있는 관광객을 먼저 보내기 위해서는 벽 쪽에 몸을 바짝 붙여야 했다.

첫번째 단계는 1지옥이다. 단테의 표현에 의하면 예수님을 알지 못한 채 죽은 사람들이 머무는 지옥이다. 기원전에 태어난 아리스토텔레스, 디오게네스 등이 머무는 곳이다.

"여기선 그 누구도 고통에 시달리며 비명을 지르거나 악다구니를 쓰지는 않는다네. 물론 이곳에도 슬픔과 한숨은 있지."

– 단테 「신곡」 중에서

단테에게 지옥을 안내하는 베르길리우스는 차근차근 설명을 이어간다. 이어 2지옥에 도착한다. 2지옥 입구에는 미노스가 있다. 크레타 섬의 통치자였던 미노스가 지옥의 심판관이다. 이곳은 색욕 지옥으로서 유혹에 빠져 간통을 저지른 영혼들이 머무는 곳이다. 2지옥부터는 서서히 고통스러운 형벌이 시작된다.

실제 이곳에는 지옥이라고 쓰여 있지도 않고 각 지옥에 대한 구분도 없다. 난 그저 단테의 「신곡」에 대한 기억과 내 상상력에 심취해 천천히 지하로 내려가고 있었다. 모두들 내려가기 바쁜데 난 자꾸 자꾸 멈춰 섰다. 별장의 주인인 몬테이루가 이 계단을 걸으며 어떤 생각을 했을지 곰곰이 생각해 보았다. 아마도 그는 이곳에서 자신의 삶을 돌아봤을 것이

계단을 천천히 내려가고 있는 관광객들

다. 이쯤이 3지옥 정도 되지 않을까? 하늘을 올려다봤는데 어느새 이미 깊은 곳에 도착해 있었다.

여기서부터는 죽음의 악취가 진동하는 듯했고, 밑에서는 역한 증기가 올라와 몸을 감싸는 기분이었다. 인생을 살아오면서 어디서도 느껴볼 수 없는 감성적이고 철학적인 체험이었다.

신곡에서는 3지옥을 다음과 같이 표현하고 있다.

밑에서 올려다본 지상의 모습

> "이곳은 무슨 저주를 받았는지 영원히 비가 내리는 축축하고 음산한 비의 나라처럼 보였다. 그 빗속에서 우리가 모습을 나타내자 케르베로스는 세 개의 목구멍을 한껏 벌리고 송곳니를 드러낸 채 으르렁거리며 우리를 막아섰다."
>
> – 단테의 「신곡」 중에서

계단을 내려오다 보면 벽 쪽으로 비어 있는 공간이 존재하는데, 각 지옥을 지키고 있는 악령들이거나 우리를 공격하려는 사자, 늑대, 표범 같은 맹수나 괴물들이 숨어있는 장소처럼 보였다.

4지옥부터는 빛이 거의 없어진다. 그 밑으로 점점 더 내려갈수록 음산한 기운이 더해진다. 4지옥은 이기적이고 탐욕과 사치를 부린 자들이 가는 곳이다.

> "원래 죄는 먼지처럼 가볍다네. 그래서 그 두께를 알기가 어렵고 무게 또한 느끼기 어렵지. 그 때문에 이곳에 있는 망령들은 자신의 몸보다 죄가 몇 배나 무거워질 때까지 그것을 깨닫지 못하고 살다가 끝내는 이곳으로 끌려와 저리 고통을 당하고 있는 것일세."
>
> – 단테 「신곡」 중에서

5지옥은 불만과 분노가 가득한 삶을 살았던 자들, 6지옥은 이단을 믿었던 자들, 7지옥은 남에게 해를 끼친 자들이 머물고 있다.

"자네는 혹 이 지옥이 아래로 곧게 이어지는 동굴로 착각하는 게 아닌가. 지옥은 둥근 원이 중층 구조를 이루며 아래로 연결되어 있다네. 우리가 아래로 많이 내려오기는 했지만 지옥 한 바퀴를 돌려면 아직도 길이 멀다네. 앞으로 놀랄 일이 점점 많아질 걸세. 원래 여행이란 그런 것이라네."

– 단테의 「신곡」 중에서

8지옥은 정의를 외면한 자, 도둑, 성직을 매매한 자, 더러운 포주를 모두 악의 무리라고 표현하고 있다. 그리고 마지막 9지옥은 무시무시한 루시퍼가 머물고 있는 곳인데, 국가와 가족, 스승, 친구 등을 배신한 자들이 가게 되며 영원히 구제받을 수 없는 영혼으로 분류하고 있다.

지옥의 제일 밑바닥으로 내려와서 하늘을 올려다보니 내가 살고 있는 현실이 너무도 멀게 느껴졌다. 신비한 체험은 짧은 시간이었지만 강렬하고 신선한 충격이었다.

하지만 이게 끝이 아니었다. 지옥은 동굴로 이어졌고 어느 정도 걸어갔을 때 길은 두 갈래로 나뉘어 있었다. 갈림길에는 이정표가 없었다. 「신곡」은 세 편으로 나뉜다. 지옥과 연옥과 천국. 여기서 한 곳은 연옥이고, 또 다른 곳이 천국 임에 틀림없어 보였다.

깊은 지옥을 빠져나오면 아름다운 정원을 만나게 된다.

왼쪽 길 끝에 밝은 빛이 보인다. 그쪽으로 걸어가자 아담한 연못이 나타났다. 마치 그리스의 신들이 사랑했던 스틱스 강물처럼 햇살을 가득 받은 연못이 아름답게 빛나고 있었다. 이 길을 통해 나가면 신트라의 아름다운 자연을 감상할 수 있는 전망대가 나오고 꾸불꾸불한 길에 놓인 벤치들, 맑은 물이 샘솟은 분수대를 지나면 몬테이루가 살던 저택이 나온다. 몬테이루는 사랑하는 가족들이 살고 있는 집을 바로 천국이라 믿고 살았을 것 같다.

나는 다시 태어나면 건축가가 되고 싶다는 이야기를 가끔 하곤 한다. 머릿속에 그려진 상상을 현실로 만드는 것은 정말 멋진 일이다. 멋진 건축물을 볼 때면 그 건축가가 마치 나에게 선물을 준 것 같다는 생각을 한다. 괜히 고마워지는 그런 기분 말이다. 지금 내 심정이 그렇다. 단테의 「신곡」을 자신의 집 마당에 그대로 실현해 놓은 헤갈레이라 별장은 한국에서 온 여행자의 가슴에 마치 선물처럼 남았다.

몬테이루 가족이 살던 저택

카보 다 호카 절벽에서 일광욕을 즐기고 있는 관광객

Cabo da Roca
카보 다 호카

깎아지른 절벽에 서면 거대한 대서양이 파노라마처럼 펼쳐지는 곳, 카보 다 호카Cabo da Roca. 14세기 말까지 사람들은 이곳이 세상의 끝이라고 믿었다. 지금의 세계지도가 완성되기 전의 이야기이다. 포르투갈의 대 문호 루이스 카몽이스는 이곳을 방문한 뒤 "바로 여기. 육지가 끝나고 바다가 시작되는 곳"이라고 말했다.

12세기 초, *스페인은 무어인들에게 빼앗긴 도시를 재탈환하기 위해 치열한 전쟁을 치르고 있었다. 스페인 왕 알폰소 6세는 자신의 딸 테레

레온-카스티야 왕국

당시에는 레온-카스티야 왕국이라 불렸다. 훗날 레온, 카스티야, 아라곤, 나바라가 통일하여 에스파냐 왕국이 탄생한다.

유럽의 최서단을 인증하는 기념비에는 카몽이스의 글귀가 적혀 있다.

사와 사위인 부르고뉴의 엔히크에게 땅을 하사하고 포르투갈 백작령으로 다스리게 했는데, 1139년 이 두 사람의 아들인 아폰수 엔히크스가 스스로를 왕으로 선포하고 포르투갈을 스페인으로부터 독립시키는 일이 발생했다.

당시 카스티야의 왕이었던 알폰소 7세가 이를 저지하려 했으나 알메리아와 코르도바 등 이슬람 세력을 상대로 한 전투가 더 중요한 상황이어서 스페인 남부로 병력을 집중하는 사이에 포르투갈이 교황청으로부터 지지를 얻게 되면서 결국 1143년에 포르투갈은 독립 왕국으로 인정받게 된다.

하지만 스페인은 포르투갈을 포기하지 않았다. 언제든지 되찾아야 하는 땅이라고 여겼다. 포르투갈은 스페인으로부터 자신들의 왕국을 지키기 위해 국경을 따라 높은 성벽을 짓기 시작했다.

1385년 8월 14일, 포르투갈의 운명을 걸고 싸운 *알주바호타 전투에서 포르투갈이 승리를 거둠으로써 스페인으로부터의 독립을 쟁취하게 된다.

포르투갈과 스페인 국경에 가보면 스페인으로부터의 독립을 지켜 내기 위해 높게 쌓은 성들을 쉽게 볼 수 있다. 스페인과 벽을 쌓은 포르투갈이 바라본 곳은 바로 바다였다.

중세 포르투갈인들에게 바다는 두려움의 존재인 동시에 유일한 희망이었던 것이다.

1394년에 태어난 주앙 1세의 셋째 아들 엔히크 왕자는 이러한 포르투갈의 운명과 마주하고 자신의 소명을 묵묵히 감당했던 인물이었다.

유럽 대륙 최서단에 위치한 카보 다 호카에서 쉴새 없이 몰아치는 대서양의 파도를 보고 있자니 운명에 맞서 먼 항해에 나섰던 포르투갈 선원들의 모습이 그려진다.

알주바호타

포르투갈의 왕 주앙 1세는 알주바호타 전투에서의 승리를 기념하여 바탈랴 수도원을 건립했다. 아비스 왕조의 시작이었다.

　카보 다 호카는 숙박시설이 없는 곳이다. 기념품 샵과 카페, 관광 안내소, 그리고 외롭게 서 있는 등대가 전부이다. 그렇기에 카보 다 호카는 옛 모습 그대로를 간직하며 여행자에게 더 많은 감동을 선사한다.

　세상의 끝에 왔다는 증명서를 발급받기 위해 관광 안내소로 갔다. 두 가지 디자인 중에 하나를 고르자 안내소 직원이 하얀 메모지를 건네며 내 이름을 영문으로 적어 달라고 했다. 12유로를 지불했고, 1분도 채 안 돼서 근사한 증명서를 발급받았다.

　증명서엔 이렇게 쓰여 있었다.

카보 다 호카에서 보는 석양은 누구에게나 감동을 준다.

"당신은 포르투갈 신트라에 속한 카보 다 호카에 왔다. 이곳은 육지가 끝나고 바다가 시작되는 유럽의 서쪽 끝자락이며, 새로운 세상을 찾던 포르투갈 카라벨이 이끈 신념과 모험의 정신이 깃든 곳이다."

어느덧 해가 지고 있었고 다시 바다를 보기 위해 절벽으로 걸어갔다. 내내 강렬했던 태양이 대서양 저 끝으로 가라앉고 있었다. 그때 터키 시인 나짐 히크메트의 시가 떠올랐다.

가장 훌륭한 시는 아직 쓰여 지지 않았다.
가장 아름다운 노래는
아직 불러지지 않았다.
최고의 날들은 아직 살지 않은 날들.
가장 넓은 바다는 아직 항해 되지 않았고
가장 먼 여행은 아직 끝나지 않았다.
무엇을 해야 할지 더 이상 알 수 없을 때
그때 비로소 진실로 무엇인가를 할 수 있다.
어느 길로 가야할 지 더이상 알 수 없을 때
그때가 비로소 진정한 여행의 시작이다.
–나짐 히크메트 「진정한 여행」 중에서

나짐 히크메트가 이 시를 썼던 곳은 아름다운 장소가 아니었다. 감옥에서 정치범으로 복역하던 때에 쓴 시다. 한 평짜리 작은 방에 앉아 스며들어 오는 빛을 바라보며 여행을 꿈꾸던 나짐의 모습을 상상해 보았다.

"나는 얼마나 행복한 사람이던가"

해발 고도 165m에 세워진 등대. 1772년에 건설되었다.

오비두스 성문 안으로 들어서자 행위예술을 하고 있던 여성이 손을 들어 인사를 건넸다.

Óbidos

오비두스

성문을 통과하자 드디어 비밀스러운 마을이 모습을 드러냈다. 네모난 화강암 조각으로 만들어진 중세의 포장 도로 위에는 전 세계 각지에서 모여든 관광객들로 가득했다. 여행자의 호기심을 자극하기에 충분한 매혹적인 색들이 거리의 하얀 벽을 장식하고, 담장을 넘은 부겐빌레아는 오후의 햇살을 받아 더욱 환하게 빛나고 있었다. 4인조 밴드가 거리에서 공연을 하고, 오비두스의 관광객은 편안한 자세로 그들의 음악을 감상하고 있다. 오비두스에 도착한 지 불과 1분도 채 되지 않았지만, 중세 포르투갈의 왕비들이 왜 그토록 오비두스를 좋아했는지 이해할 수 있었다. 1210년 아폰수 2세는 우라카Urraca 여왕에게 오비두스를 선물했고, 그 이후로 오비두스는 여왕 직할시로 지정되었다.

거리 공연을 감상하고 있는 관광객들

오비두스의 중심 보행자 거리 풍경

가게 안에 있는 서점

　들뜬 마음으로 사진을 찍으며 거리를 걸었다. 생수를 구입하기 위해 잠시 가게에 들어갔는데, 작은 입구에는 야채와 과일 등 식료품이 진열되어 있었고, 커다란 내부는 온통 책으로 가득 차 있었다. 인구 1만 명밖에 안되는 작은 마을에 이런 큰 규모의 서점이 있다는 사실에 조금 놀랐다.

　다시 거리로 나왔다. 왼편 저 위에 도시를 감싸고 있는 성벽이 보였다. 오비두스는 "성벽"이라는 뜻이다. 713년 무어인이 이곳에 성벽을 세웠고, 1148년에 포르투갈의 아폰수 1세가 도시를 재탈환했다.

오른 편에 시립미술관이 보였다. 학교 앞 문방구를 그냥 지나치지 못하는 초등학생처럼 어느새 나는 미술관 안에 들어와 있었다.

무료로 입장하는 오비두스 시립미술관은 과거에 영주가 살던 집을 미술관으로 개조한 곳이다. 2층에 올라가니 열 평 남짓한 공간에 그림이 일곱 점 뿐이었다. 입구에는 포르투갈의 현대 화가 에두아르두 말타Eduardo Malta의 그림이 보였는데, 안쪽에 내 시선을 사로잡은 그림이 한점 있었다. 아빌리오Abílio de mattos e silva가 1935년에 그린 〈오비두스〉Óbidos라는 그림이었다.

이 장소는 아마도 아빌리오가 살았던 집 창문에서 늘 보이던 풍경이었을 것이다. 흐릿한 날씨 탓에 하얀색과 파란색으로 가득한 오비두스는 무채색의 탁한 느낌으로 그날의 아빌리오의 내면을 대변하는 듯해 보였다. 그는 분명 슬펐고, 그날따라 더욱 이 도시를 떠나고 싶었을 것 같다는 생각이 문득 들었다.

하얀 벽과 붉은 기와로 덮인 지붕들, 오래된 마을의 느낌과 소도시의 멋스러움을 너무도 잘 표현했다.

바로 옆에 아빌리오의 1945년 작 〈카사 두 아르코 다 카데이아〉Casa do arco da cadeia가 보였다. 이 날은 좀 전에 봤던 그림보다 10년이 더 지났고, 날씨는 더 맑아 보인다. 아치 밑에는 두 여인이 길에서 우연히 만나 이야기를 나누는 모습이 보인다. 아빌리오의 붓터치가 생생히 느껴지는 저 유화 깊숙한 곳에 얼마나 많은 감정들이 숨어 있을까. 그림으로 보이지 않는 골목 구석구석에 숨어있는 아빌리오의 이야기들이 궁금해졌다.

아빌리오의 〈오비두스〉, 1935년   아빌리오의 〈카사 두 아르코 다 카데이아〉, 1945년

어릴적 아빌리오의 추억이 고스란히 묻어나는 골목 어딘가에 어린 아빌리오가 있을지도 모르겠다.

  2층 갤러리에 마련된 소파에 앉았다. 바로 옆 창가 밑 디레이타Direita 거리에는 여전히 관광객들로 넘쳐났지만 미술관 2층은 고요했다. 한참 동안 아무도 올라오지 않았다. 나가는 길에 미술관 직원에게 아빌리오의 그림을 더 볼 수 있는 장소를 물어봤다. 직원은 하얀 종이 위에 리스본의 한 현대 미술관 주소를 적어줬다. 이렇게 나는 오비두스에서 또 한 명의 포르투갈 화가를 만났다. 우연한 만남은 언제나 즐겁다!

  웃음기 가득한 꼬마 아이가 내 옆으로 뛰어가고, 뒤이어 아이의 아

체리주를 팔고 있는 모습. 상점 안에는 체리주와
다양한 기념품을 판매하고 있다.

빠가 감자칩으로 가득한 종이 고깔 봉투를 들고 아이를 따라갔다. 바로 앞에 있는 작은 상점 입구에 관광객들이 줄을 서 있었다. 진자 Ginja라고 불리는 오비두스의 전통 체리주를 파는 곳이었다.

초콜릿 잔에 채워주는 체리주의 가격은 1유로다. 오비두스는 초콜릿으로도 유명한 곳이다. 오비두스의 축제 중에 매년 7월에 열리는 '중세 축제'와 봄에 열리는 '초콜릿 축제'가 대표적이다. 내 차례가 되자 종업원이 작은 초콜릿 잔에 체리주를 가득 채워줬다. 강렬한 체리주와 달콤한 초콜릿이 입안에서 만나 어우러지는 맛이 인상적이었다.

다들 신기한 듯 체리주를 마시며 즐거워하는 관광객들 사이로 걸어가다가 코무르Comur 매장을 발견했다. 이제 막 새로 오픈한 듯해 보였다. 1842년에 설립한 생선 통조림 전문 매장인 코무르는 1842년에 아베이루에 첫 공장을 설립했고, 2016년에 리스본에 1호 매장을 열면서 현재까지 20개 이상의 매장을 오픈했다.

나는 포르투갈에서 코무르 매장을 보면 무조건 들어가고 본다. 그 이유는 코무르 매장의 인테리어가 그 도시를 대표하는 상징물을 콘셉트로

❶ 오비두스의 코무르 매장 내부. 코임브라 판매직원과 똑같은 유니폼을 입은 직원의 모습이 보인다.

❷ 코임브라의 코무르 매장의 시그니처 정어리 통조림을 들고 있는 판매사원과 그녀 뒤편에 조아니나 도서관을 모자이크로 완벽히 재현해 놓은 모습

❸ 포르투갈 남부 파루Faro 시내에 있는 코무르 매장. 항해를 모티브로 디자인되었다.

하기에 그 내부 구경하는 재미가 쏠쏠하기 때문이다. 가장 인상 깊었던 매장은 조아나도서관 내부 모습을 모자이크로 연출한 코임브라 코무르 매장이었다.

오비두스 매장의 모티브는 '서점'이었다. 마치 중세의 왕실 도서관 안에 있는 느낌이었다. 2층 구조로 되어 있는 책장에는 정어리와 연어, 참치 등을 넣은 통조림으로 가득했다. 왜 서점이 모티브가 되었는지 직원에게 물어봤더니 오비두스가 바로 '문학의 도시'이기 때문이라고 답했다.

문학의 도시… 오는 길에 봤던 식료품 가게 안의 책방이 떠올랐다. 휴대폰을 꺼내서 자료를 검색해 보니 2015년에 유네스코에서 오비두스를 '문학의 도시'로 선정했다는 뉴스를 확인할 수 있었다. 오비두스가 바로 포르투갈 최초의 문학 도시였다.

시계 방향으로 문학의 도시 〈오비두스〉, 디자인 도시 〈서울〉,
미식의 도시 〈베르겐〉, 음악의 도시 〈애들레이드〉

참고로 우리나라의 부천시가 2017년에 동아시아에서 처음으로 유네스코 문학 도시로 선정되었고, 그 이후 2019년에 원주시가 이어서 문학 도시로 선정되었다. 이 밖에도 〈유네스코 창의도시〉UNESCO Creative Cities 네트워크에 선정된 우리나라의 도시는 서울특별시가 디자인 도시2010년, 전주시가 미식의 도시2012년, 부산 광역시가 영화의 도시2014년에 선정된 바 있다.

다른 진자 매장에 들러 체리주 한 잔을 마시고, 초콜릿도 먹었다. 오비두스를 떠나면 왠지 이 체리주가 그리울 것 같아서 한 번 더 마셨다. 관광객이 많은 거리를 벗어나 인적이 드문 오비두스의 골목길을 나 혼자 걸어 다녔다. 거짓말처럼 갑자기 거리가 한산해졌다. 아빌리오의 그림들이 머릿속을 스쳐갔다. 여왕의 도시 오비두스. 축제와 문학의 도시. 달콤한 체리주의 향기는 여행자의 기억에 영원히 남을 것이다.

아름다운 오비두스의 골목길 풍경

성벽 입구로 돌아오는 길에 다시 마주친 행위 예술가. 그녀의 표정이 마치 "어때요? 오비두스가 맘에 드셨나요?" 라고 물어보는 것 같았다.

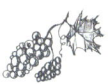

Sertã
세르타

'파라도르'는 스페인 정부에서 직접 운영하는 호텔 체인이다. 오래된 고성이나 수도원, 귀족의 저택 등을 호텔로 개조한 것인데, 스페인 전국에 100개 정도가 운영되고 있다. 파라도르가 세계적인 관심을 끌고 이용객이 많아지면서 포르투갈에서도 '포우자다 콘벤투'Pousada Convento라는 이름의 호텔 체인이 만들어졌다. 스페인과 다른 점이 있다면 포우자다 콘벤투는 오직 수도원만 개조해서 만들었다는 점이다. 콘벤투가 바로 "수도원"이라는 뜻이다.

일반인들에게 수도원이라는 장소가 워낙 생소한 곳이기 때문에 일반 호텔이 아닌 수도원에서 숙박을 해본다는 것은 여행자에게 상당히 매력적인 경험이다. 나는 포르투갈을 여행하면서 포르투갈 전역에서 운영되고 있는 30여 개의 포우자다 콘벤투 중에서 20개 이상 숙박을 했을 정도로 수도원 호텔에 푹 빠져 있었다. 무엇보다 흥미로운 점은 수도원에서 사용하던 소 예배당이 그대로 보전되어 있는 경우가 많은데 포르투갈 특

에보라Évora수도원 호텔 입구

아라이올로스Arraiolos 수도원 호텔 내부에 있는 소 예배당　　기마랑이스Guimarães 수도원 호텔 내부 중정

유의 아줄레주로 장식된 예배당을 방문해 보는 재미가 있다.

세르타Sertã는 관광 목적이 아니었다. 리스본에서 빌린 렌터카가 있었기에 포르투갈의 시골 마을들을 두루 다녀보고 싶었고, 생소한 마을에 있는 수도원 호텔에서 하룻밤 숙박하며 특별한 일정 없이 쉬었다 갈 심산이었다. 세르타 수도원 호텔Convento de Sertã에 들어서니 리셉션 직원 카타리나가 활짝 웃으며 인사를 건넸다. 작은 체구에 단정한 유니폼을 입은 카타리나는 객실 키를 건네며 객실의 위치와 레스토랑 등 호텔 내부 이곳 저곳을 설명해 줬다. 그리고는 무료 지도를 건네며 물었다.

"세르타에는 며칠간 있을 계획이에요?"

"내일 바로 떠나요. 나자레로 가는 길이거든요."

"내일 바로 떠난다고요? 세트라 주변에 볼거리가 얼마나 많은데요."

"그래요? 명소를 소개해 준다면 내일 오전부터 열심히 다녀보고 저녁 늦게 나자레로 가면 되겠네요."

지도를 펼쳐 놓고 열심히 설명 중인 카타리나

카타리나는 커다란 지도를 펼치더니 가까운 곳에 있는 도르네스Dornes부터 다소 먼 거리에 있는 알데이아 두 씨스투– 세르데이라Aldeia do Xisto – Cerdeira 등등 외국 관광객이 잘 모르는 관광지들을 선별해줬다.

"페레이라 두 제제레Ferreira do zêzere는 유명한 관광지는 아니지만 오늘 지역 축제가 있어요. 여기서 멀지 않으니깐 꼭 한 번 방문해 보세요. 아 참! 그리고 이 곳 세르타는 유명한 전통 요리가 있어요. 마라뉴 다 세르타Maranho da Sertã와 부슈 다 세르타Bucho da Sertã예요. 건물 바로 옆에 우리 호텔에서 운영하는 레스토랑이 있는데 원하시면 예약해 드릴게요."

"네! 고마워요. 카타리나!"

그녀의 조언대로 호텔 레스토랑으로 가서 두 가지 요리를 모두 시켜 먹었다. 마라뉴는 양의 내장 안에 햄과 소시지, 베이컨, 박하 등을 넣어 만든 요리이고, 부슈는 돼지의 내장 안에 돼지고기, 햄, 계란, 감자, 파슬리 등을 넣고 오븐에 구운 요리이다. 그런데 둘 다 내 입맛에 맞지는 않

에피타이저로 나온 올리브와 소시지 그리고 포르투갈의 명물 그린 와인

메인 요리 마라뉴와 부슈

았다. 하지만 요리와 잘 어우러지는 그린 와인의 상큼한 향과 세르타의 낭만적인 밤하늘은 오랫동안 가슴 속에 남을 만큼 만족스러웠다.

호텔 내부 중정에는 넓고 편한 소파와 테이블이 있고 선반 위에 있는 음료와 과일, 에그타르트를 언제든지 무료로 먹을 수 있다. 커피와 과일을 먹으며 내일 일정을 짰다. 그녀의 조언대로 세르데이라 - 페레이라 두 제제레 - 도르네스, 이렇게 3개 마을을 하루 만에 둘러보기로 했다. 하루에 다 보기에는 조금 무리일 수도 있지만 아침 일찍부터 출발하면 가능할 것 같았다.

"저녁 식사 맛있게 드셨어요?"

카타리나가 여행 루트를 짜고 있는 내게 다가와 인사를 건넸다.

"네. 그럼요. 너무 맛있어요. 좋은 음식을 소개해줘서 너무 고마워요 카타리나!"

나는 음식에 실망했던 마음을 숨기려고 일부러 더 과장하며 맛있다고 했다. 카타리나는 흡족해하며 다른 테이블에 있는 노부부에게 가서 신문을 전달했다. 소파에 앉아 계시던 할머니가 빨간색 작은 봉지를 카타리나에게 주며 "웅 페케누 프레젠트"Um pequeno presente 작은 선물라고 하시는 소리가 들렸다. 하루 종일 여행을 하고 돌아오시다가 친절한 카타리나에게 작은 선물을 사 오신 것 같았다. 친절한 카타리나로 인해 이 호텔은 더더욱 기억에 남을 것 같다.

노부부와 이야기를 나누고 있는 카타리나의 뒷모습.
선물로 받은 빨간색 작은 봉투를 손에 들고 있다.

이른 아침 상쾌한 공기를 뚫고 세르데이라로 향했다. 시골길에는 오렌지 나무가 가득했다. 운전을 하다가 가끔 마을 주민과 마주치면 주민들은 손을 흔들며 반갑게 인사를 해줬다. 시골의 느낌은 어느 나라나 비슷하지만 포르투갈의 시골 마을은 특히 더 정겨웠다.

탐스러운 오렌지 맛을 한 번 보고 싶어서 차를 잠시 멈춰 세운 뒤 담장을 살짝 넘어온 오렌지 하나를 땄다.

"안돼요 안돼!"

눈 깜짝할 사이에 집 주인 아저씨가 나타나서 큰소리로 외쳤다.

"아. 죄송합니다."

"오렌지 하나로는 너무 적다는 말이에요! 적어도 한 봉지는 돼야지!"

얼굴이 동그랗고 마음씨가 무척이나 좋아 보이는 주인 아저씨가 봉지를 가져와 오렌지를 담기 시작한다. 나는 몰래 오렌지를 따서 혼나는 줄 알았는데 오히려 큰 봉지에 오렌지를 가득 담아 주셨다.

"봉지가 그렇게 작아서 되겠어요?"

오렌지를 담고 있는 아저씨와 더 큰 봉지를 가져오시는 아주머니의 모습

　어느새 주인 아주머니까지 나오시더니 여행하면서 실컷 먹으라며 더 커다란 봉지에 오렌지를 가득 담아 주셨다.
　"다음에 다시 이 길을 지나가게 된다면 우리 집에 또 들러요. 그때가 5월쯤이라면 더할 나위 없이 좋겠지. 5월의 오렌지는 정말 맛있어요!"
　세르데이라까지 20분 정도를 남겨 놓고 험준한 산길이 이어졌다. 왕복 차선이었지만 겨우 한 대가 지나갈 정도로 좁은 길이었다. 구불구불 이어지는 위험천만한 길을 한참동안 달린 후에야 마을 표지판이 보였다. 표지판에서부터 급경사로를 5분 정도 더 오르고 나서야 겨우 마을에 도착할 수 있었다.

　"와! 이런 곳에 사람이 살고 있다니!"

나는 탄성을 질렀다. 집 한 채조차 없을 것 같았던 깊은 산중에 거짓말처럼 마을이 나타났기 때문이다. 20~30채 정도의 집으로 형성된 이 작은 마을은 멀리서 봐도 독특하고 묘한 느낌을 받을 수 있었다.

마을 입간판에는 〈'영감'이 살아있는 곳〉Onde vive a inspiração이라는 문구가 적혀 있었다. 그 문구를 보는 순간 이 마을이 평범한 마을이 아니라는 걸 알 수 있었다. 차를 세워놓고 마을 안으로 천천히 걸어갔다. 마을에는 적막이 흘렀다. 마치 잉카인들이 건설해 놓고 사라진 마추픽추처럼 비밀에 감춰져 있는 듯 보였다. 가만 보니 길바닥도 건물의 외벽도 모두 돌로 만들어져 있었다. 얇고 단단해 보이는 암석은 검은 빛을 띠며 수평

차에서 내리자마자 보였던 마을 전경

으로 결이 형성되어 있었다. 언제부터 이곳에 사람들이 살았고 왜 이곳에 살았는지는 알 수 없었지만 이 산맥 주변에서 흔히 구할 수 있는 돌로 집을 지으면서 마을이 형성되었다는 것을 짐작할 수 있었다.

집 앞에 '아틀리에'Ateliers라고 적힌 간판이 보였다. 안에 누가 있는지는 모르지만 누군가가 예술활동을 하고 있는 작업장인 것은 확실해 보였다. 신비로 가득한 골목을 구경하며 걷다가 전망이 탁 트인 넓은 공간에서 그림을 그리고 있는 한 여인을 발견했다.

작업을 방해하지 않으려고 뒤에서 조용히 서 있던 나를 발견한 여인은 잠시 작업을 멈추고 반갑게 나를 맞아줬다.

"여기 참 예쁘죠?"
"네. 정말 아름다운 곳이예요. 이런 마을이 있을 거라곤 상상도 못했어요."
"그럴 거에요. 나도 그랬으니깐. 저 밑으로 걸어 내려가면 이런 비슷한 마을들이 더 있어요. 이런 마을을 '알데이아 두 씨스투'Aldeia do Xisto라고 하는데 씨스투 마을이라는 뜻이죠. 씨스투는 여기 있는 이 돌들의 이름이예요. 산맥을 중심으로 씨스투 마을이 20개도 넘는 답니다."
"마을을 구경시켜 줄게요! 가이드비는 무료예요. 안 그래도 마을 곳곳에 숨어있는 예술가들한테 아침 인사를 하고 싶었거든요."

온통 돌로 만들어진 마을 사이사이로 그녀를 따라 걸었다. 마을도 신기했고 그녀를 우연히 만난 건 더 신기했다.

온통 돌로만 만들어진 씨스투 마을

"좀 전에 예술가들한테 인사를 한다고 했나요?"

걸음을 멈춘 필라르는 작은 집을 가리켰다.

"네. 맞아요. 이 집에 살고 있는 사람은 화가예요. 이름은 피에르인데 프랑스에서 여기로 온 지 한 달 정도 됐죠. 아마 지금은 자고 있을 거예요. 저도 예술가예요. 조각을 하죠. 바로 옆집이 내 작업장이예요."

좀 전에 내려오면서 봤던 그 작업장의 주인이 바로 필라르였다. 필라르는 작업장 안으로 들어가 자기가 현재 작업하고 있는 작품들을 구경시켜 줬다.

"나는 여기에 사는 사람이 아니에요. 저는 스페인 남부 도시 세비야에서 왔어요. 한 기업으로부터 작품 의뢰를 받았고 그 프로젝트를 완수

필라르의 아틀리에

아틀리에에서 작품을 만들고 있는 필라르의 모습

하기 위해 2개월 일정으로 이곳에 왔죠. 여기는 예술가 마을이어서 작품의 영감을 얻고자 이곳을 찾는 예술가들이 넘쳐나요. 나도 그들 중 하나예요."

"나는 상상도 못했던 곳이에요. 정말 놀라울 뿐이네요. 예술가들 사이에서 공유하는 정보가 있었군요. 이런 곳이 있었다니."

독일에서 온 작가들과 이야기를 나누고 있는 필라르의 모습(위)
마을에 있는 유일한 카페의 입구와 내부 모습(아래)

필라르는 다른 집으로 나를 안내했다.

"여기가 숙소예요. 여성 전용이죠. 숙소 요금은 일반 관광객하고 예술가들하고는 많이 달라요. 우리는 장기간 체류하며 할인된 요금을 적용 받거나 기업으로부터 후원을 받기도 하죠."

숙소에는 두 명의 예술가가 아침 식사를 하고 있었다. 베를린에서 온 작가였는데, 석 달째 이곳에서 연극 대본을 쓰고 있는 중이었다. 그녀들은 마치 한 가족처럼 다정해 보였다.

이 마을에 실제로 사는 주민은 고작 여섯 명이고 나머지는 모두 장기간 체류하는 예술가들이라고 한다. 마을에 카페가 하나 있는데 거기서 커피나 간식을 사 먹을 수는 있지만 대부분 식사는 각자 숙소에서 요리해 먹는다. 식재료는 관리인에게 주문을 하면 며칠에 한 번씩 시내로 나가서 대신 구입해 주는 시스템이다.

이 비밀스러운 마을에 사람들이 살기 시작한 시기는 아무도 아는 사람이 없지만 에스트렐라 산맥 깊은 곳에서 방목하던 유목민들이 작은 부락을 형성하며 정착하기 시작한 시기를 2~3백년 전으로 보는 시각이 일반적이다.

산맥 여기저기에 흩어져 형성된 씨스투 마을의 전통 음식인 '찬파나'Chanfana는 늙은 염소 고기로 만든 찜 요리인데, 염소로부터 우유와 치즈를 생산해 생계를 유지하며 살았고, 염소가 죽으면 그 고기로 요리를 해 먹었던 것이다.

씨스투 마을 중에 하나인 탈라스날Talasnal에서 먹은 찬파나

세르데이라에서 30분 거리에 있는 탈라스날은 "자연의 여왕"이라는 별명을 가지고 있는 마을이다.

필라르와 서로 연락처를 주고받고 아쉬운 작별을 고했다. 나도 언젠가 그녀처럼 이곳에 와서 다양한 곳에서 모인 예술가들과 친구가 되고 글을 쓰며 시간을 보내고 싶다는 꿈이 생겼다.

예정에 없던 탈라스날까지 다녀오느라 생각보다 시간이 지체됐다. 높은 산맥을 내려가는 길 중간에 전망대가 보였다. 로우자Lousã 시내가 한눈에 보이는 곳이었다. 액자 모양으로 커다란 틀을 만들어 놓았고 그 위에는 'Isto é lousã 여기가 로우자이다.'라는 문구가 적혀 있었다.

전망대에 서서 마을을 바라보고 있던 때에 한 가족이 나에게 다가와 사진을 찍어 달라고 부탁했다. 좀 전에 탈라스날에서 마주쳤던 사람들이었다.

"브라질에서 오셨나 봐요?"

브라질에서 어머니의 고향을 찾아 여행 온 할머니와 아들 부부

    내가 물었다. 그들의 억양을 듣자 마자 그들이 브라질에서 왔다는 걸 알 수 있었다. 할머니의 어머니는 로우자에서 태어나셨고 브라질 캄파냐 출신의 아버지를 만나 결혼하신 후 브라질로 떠나셨다고 한다. 우리는 짧은 인사를 나누고 각자의 차를 몰고 산 아래로 내려왔다.

    더 늙기 전에 어머니 고향을 꼭 한 번 방문해 보고 싶었다는 할머니의 사진 속 환한 얼굴이 다시 떠올랐다. 누구에게는 평생의 소원이었던 곳, 또 누군가에게는 기대도 하지 않았던 선물같은 씨스투 마을은 강한 여운으로 마음 속에 남겨졌다.

다음 목적지인 페레이라 두 제제레에 도착했다. 오늘은 축제가 있는 날인데 오후 3시에는 지역 전통 경기인 '매트리스 달리기'corridas de camas 시합이 있었다. 높은 건물 하나 없는 조용한 시골 마을에 꽤 많은 사람들이 모이고 있었다. 전통 복장을 하고 '소시지 빵'Pão do chorizo을 팔고 있는 어린 소녀들이 여럿 보였고, 그 사이로 가족끼리 혹은 친구들끼리 무리를 지어 마을 중심으로 걸어갔다. 이제 막 경기가 시작됐다. 통제된 메인 도로를 둘러싼 마을 사람들 사이로 익살스러운 옷을 입은 참가자들의 모습이 보였다. 3명이 한 팀으로 구성되며, 서로 반대 방향으로 출발해서 먼저 한 바퀴를 도는 팀이 이기는 경기이다. 두 명이 침대를 끌고 한 명은 침대 위에 누운 채로 경기를 진행한다. 중간에 코너를 돌면서 서로 위치를 바꿔서 끌게 되는데, 스피드도 중요하지만 위치를 바꾸는 시간을 최소화하는 스킬과 팀원 간의 호흡도 중요한 요소이다.

경기는 두 시간 정도 진행됐다. 일반적인 스포츠처럼 박진감 넘치는 경기는 아니었지만 주민들은 목소리를 높여 응원하며 축제를 즐겼다. 들뜬 표정의 아이들은 광장 한 켠에 마련된 가판대에서 팝콘을 사기 위해 줄을 서 있었고, 그 옆 벤치에는 나이가 지긋한 할아버지들이 모여 앉아 담소를 나누고 있었다. 포르투갈 내에서도 그다지 알려지지 않은 시골 소도시의 이름없는 축제지만 페레이라 두 제제레 주민들에게는 이웃 마을 사람들까지 모두 초대해서 다 함께 즐기는 성대한 파티였다.

경기가 끝나고 나서 다음 여행 일정을 짜기 위해 카페에 들어갔다.

참가자들의 즐기는 모습이 인상깊었던 매트리스 달리기 시합

나자레에서 2박을 한 다음에 다시 리스본으로 내려가서 리스본에서 걷기 시작해 토마르에서 끝나는 포르투갈 순례길을 계획하는 중이었다.

첫날은 리스본에서 알안드라Alhandra까지 28km, 둘째 날은 알안드라에서 아잠부자azambuja까지 18km를 걸어야 한다. 노트에 도시 이름을 적고, 하루에 걸어야 하는 길이를 계산하고 있었다.

"순례길을 계획하고 계세요?"

테이블에 앉아서 열심히 메모를 하고 있던 나는 화들짝 놀라서 고개를 들었다. 키가 큰 백인 커플이 마치 나를 아는 듯이 반가운 얼굴로 인사를 건넸다.

"맞아요! 며칠 뒤에 걸으려고 준비 중이예요. 리스본에서 토마르까지 5일간 걸으려고 해요."

"아 그렇군요! 나도 얼마전에 걸었죠! 그런데 만약 5일만 걸으신다면 리스본에서 출발하지 말고 그 다음 도시인 알안드라에서 시작하는 코스를 추천하고 싶어요. 리스본에서 출발하는 첫날은 삭막한 공장지대가 계속 이어지거든요."

그녀는 내 노트에 적어 놓은 도시들을 손가락으로 가리키며 설명해 줬다.

"알안드라에서 출발하면 토마르를 지나 5일 뒤에 빌라 베르드Vila Verde에 도착할 수 있어요. 그곳에는 제가 운영하는 알베르게순례자 전용 숙소가 있답니다."

네덜란드에서 온 리에데는 얼마 전 포르투갈로 홀로 이민을 와서 '하

카페 안에서 환하게 우연히 만난 리에데와 폴

트웨이 필그림 하우스' Heart Way Pilgrim House라는 이름의 알베르게를 만들었다고 한다. 함께 온 남성은 마찬가지로 네덜란드에서 온 순례자이자 알베르게에 묵고 있는 손님이라고 소개했다. 이들도 축제를 구경하러 왔다가 나를 만난 것이다.

"알려줘서 고마워요! 그 알베르게에 꼭 가볼게요. 저한테 추천해 준 대로 알안드라에서 출발하는 것도 괜찮겠네요."

시간은 조금 부족했지만 친절한 카타리나가 추천해 준 도르네스까지 갔다가 밤늦게 나자레에 도착했다. 친절한 카타리나 덕분에 생각지도 못했던 보석 같은 명소들을 구경할 수 있었다. 오늘도 같은 장소에서 마음을 다해 손님을 대하고 있을 카타리나를 떠올리니 얼굴에 미소가 절로 지어졌다.

포르투갈 중부 지방에 위치한 도르네스.
주민의 수가 고작 600명인 작은 마을이다.

전망대에서 바라보는 나자레 마을과 해변. 사진 하단에 해변과 전망대를 연결하는 푸니쿨라 철로가 보인다. 전망대를 기준으로 마을의 반대편 해안에는 무려 30m가 넘는 높은 파도가 밀려든다. 매년 1월에 세계적인 빅서퍼들이 나자레를 찾는 이유이다.

Nazaré
나자레

해변을 따라 걷다가 골목길로 고작 몇 발짝을 옮겼을 뿐인데, 번화하고 시끌벅적했던 해변가와는 달리 꾸밈없는 어촌 마을의 풍경이 펼쳐졌다. 나자레 주민들이 살고 있는 하얗고 오래된 집들 사이로 좁은 길이 길게 뻗어 있었다. 길 중간에는 어린 아이들이 자전거를 타며 놀고 있고, 서서히 오르막으로 이어지는 골목 끝에 있는 한 식당에서는 하얀 연기가 뿜어져 나오고 있었다. 골목을 따라 길을 걷다가 어느 집 벽면에 세라믹 타일로 그려진 성모 마리아의 그림이 보였다. 유럽에서도 가톨릭 신자의 비율이 높은 포르투갈 사람들에게 성모 마리아는 어두운 골목길을 비추는 가로등보다도 더 위로가 되는 존재이다. 거친 바다를 상대로 하루하루를 살아야 하는 나자레 주민들에게는 더

골목길에서 놀고 있는 아이들

좁은 골목길에 앉아 점심식사를 하고 있는 모습

더욱 그랬을 것이다.

  한 골목길에 들어서자 식당 손님들이 좁은 골목길을 다 차지하고 앉아 점심 식사를 즐기고 있었다. 내 눈에는 이색적인 풍경이었다.

  마치 거미줄처럼 연결되어 있는 나자레의 골목길을 홀로 걷는 이 시간이 소중하게 느껴진다. 이 세상에 의미 없는 길은 없다는 걸 다시 한 번 깨닫는다. 그때 두 명의 여인들이 큰소리로 웃으며 지나갔고, 그 뒤로 '블루 자르딩'Blue Jardim이라는 식당이 보였다. 생선 굽는 냄새가 바람을 타고 골목골목 퍼진다. 몇 번 골목을 지나고 우회전을 하자 '알레크

링'Rua do alecrim 길이 나왔다. 오가는 사람들의 어깨가 스칠 정도로 좁은 골목이었다. 낡은 창문에서 흥겨운 음악이 흘러나왔고, 콧소리가 섞인 요란한 웃음 소리가 들려왔다.

그때 고개를 들어 하늘을 올려다봤다. 빨랫줄에 걸린 옷들이 마치 춤을 추듯 바람에 날리고 있었는데, 그 순간 이 마을에서 집을 빌려 한 달 정도 살아보고 싶다는 생각을 해봤다.

빨랫줄에 걸린 옷들이 바람에 날리고 있었다.

한가해 보이는 식당으로 들어가 내가 포르투갈 음식 중에 제일 좋아하는 '아로스 마리스코'Arroz de Marisco를 주문했다. 이 마법의 해물밥은 한국 음식에 대한 그리움을 잊게 해주는 고향의 맛을 품고 있다. 내가 리스본에서도 가장 즐겨 먹었던 음식이 바로 아로스 마리스코였다.

새우와 홍합 등 각종 해물과 쌀을 넣고 끓인 아로스 마리스코. 아로스는 "쌀", 마리스코는 "해물"이라는 뜻이다.

나자레 157

식사를 마치고 모퉁이를 돌았을 때 길 끝에 해변이 보였다. 해변과 점점 가까워지면서 길가에 놓인 초록색 테이블과 의자가 보였고, 그 앞에 검은 옷과 검은 두건을 쓰고 있는 한 노파가 의자에 앉아 있었다. 대부분이 그늘이었던 골목길 안에서 따스한 햇빛이 노파를 비춰주고 있었다. 주차된 작은 오토바이를 지나 오전 내내 걸었던 해변으로 다시 돌아왔다.

오후가 되자 오전에는 없었던 동네 할머니들이 길가에서 나자레 전통 고깃배인 '칸딜'Candil 모형을 팔고 있었다. 삼삼오오 모여 앉아 있는 할머니들은 관광객들이 지나가도 신경도 쓰지 않고 담소를 나누셨다.

왼쪽은 나자레 해변의 모습이고,
오른쪽은 프랑스 화가 이브 브레이어Yves Brayer가 그린 그림이다.
그림 속에 등장하는 배가 바로 나자레의 전통 배 칸딜이다.

나자레의 좁은 골목길.
의자에 앉아 햇빛을 받고 있는 노파가 보인다.

1889년부터 운행을 시작한 푸니쿨라는 리스본의 산타 주스타 엘리베이터를 만든 라울 메스니어가 설계했다.

　해변에서 조금만 걸어 들어가면 나자레의 윗동네로 오르는 푸니쿨라를 탈 수 있다. 운행 시간이 오전 7시 15분부터 밤 12시까지라는 것은 관광객뿐 아니라 마을 주민들도 푸니쿨라를 많이 이용한다는 뜻이다.

　나자레 주민들과 함께 푸니쿨라를 타고 110m 높이에 있는 나자레 윗동네로 올라갔다. 생선 굽는 냄새가 진동하는 레스토랑을 지나 몇 계단 내려가면 거기서부터 기념품 가게가 늘어서 있다. 리어카에서 견과류를 팔고 있는 아주머니가 혼자 걷고 있는 나에게 손짓을 한다. 나자레

나자레 전통 의상을 입고 환하게 웃고 계시는 아주머니

전통 의상을 입으신 아주머니는 환하게 웃고 계셨다. 아몬드와 캐슈너츠를 섞어서 5유로어치를 달라고 했는데 공짜로 해바라기씨를 더 넣어 주셨다.

수베르코 전망대에는 수많은 관광객들이 나자레 해변을 배경으로 기념촬영을 하고 있었다.

아찔한 절벽 아래로 푸른 바다가 끝도 없이 펼쳐졌다. 바다와 맞닿은 곳에 붉은 기와로 덮인 작은 마을도 한눈에 들어왔다. 내가 좀 전에 걸었던 좁은 골목길들이 저 안에 숨어 있다. 시간이 멈춘 듯 평온한 나자레의 모습을 카메라에 담았다.

누구나 이 전망대에 오르면 아름다운 경치에 매료된다. 하지만 이 전망대는 다른 이유로 더 유명하다. 1182년 9월 14일 이른 아침, 포르투갈의 한 귀족이 동료들과 함께 이 근처에서 사냥을 하던 중이었다. 그날은 날씨가 흐렸고, 주변이 온통 짙은 안개로 가득했다. 사냥이 시작되자마자 사슴 한 마리를 발견한 귀족이 거칠게 말을 몰았다. 사슴을 쫓다가 이 절벽까지 오게 되었는데, 전력을 다해 달리던 말이 속도를 줄이지 못하던 그 찰나에 귀족은 소리를 질렀다.

"마리아여! 나를 도와 주소서!"

그 순간 벼랑 끝에 섰던 말이 그대로 멈췄다. 100m 높이의 낭떠러지로 떨어질 뻔한 위급한 상황이었다. 기적적으로 목숨을 건진 귀족은 성모 마리아의 은혜를 기억하고 모든 사람들에게 이 사실을 알리기 위해 그 자리에 작은 예배당을 짓기로 결심한다.

전설은 여기서 끝이 아니다. 절벽에 예배당을 짓기 위해 석공을 불러서 작업을 하던 중에 돌과 돌 사이에서 나무로 만들어진 성모 마리아 조각이 발견된 것이다. 함께 발견된 낡은 양피지를 분석해 본 결과 기독교가 생겨난 1세기에 만들어진 것으로 판명되었다.

5세기에 이스라엘의 성지 나사렛에서 스페인의 '카울리니아나'Cauliniana 수도원으로 옮겨졌고, 이슬람 군대가 스페인에 침범한 711년에 스페인의 로마노 수사가 다시 이곳으로 다시 옮긴 후 아무도 모르는 장소에 숨겼다. 그 후 1182년에 우연히 성모상이 발견되면서 이 도시의 이름을 나사렛의 포르투갈식 단어인 나자레로 바꾸게 된 것이다.

나사렛에서 온 마리아 상은 절벽에 세워진 기념 예배당 안에 모셔졌다가, 그 이후로 전국 각지에서 순례자들이 늘어나게 되면서 1377년 포르투갈의 왕 페르난도 1세는 절벽 근처에 성당 건립을 명하고 그곳으로 성모 마리아 상을 모셨다.

수베르쿠 전망대에 세워진 기념 경당Ermida da Memória.
길 건너에 노사 세뇨라 성당이 보인다.

① 노사 세뇨라 성당 외관. Nossa는 "우리의", Senhora는 "부인"이라는 뜻이다. 프랑스어 '노트르담'과 동일한 단어이다. 직역하면 "우리의 귀부인"이라는 뜻이지만, 기톨릭에서는 "성모 마리아"라는 의미로 사용된다.
② 대제단을 정 중앙에 예수님이 어린 시절을 보냈던 이스라엘 나사렛에서 온 마리아상이 보관되어 있다.
③ 성당 내부에 걸려있는 그림. 절벽에 멈춰선 귀족 푸아스 로우피뉴(Dom Fuas Roupinho alcalde)가 하늘에 있는 마리아를 올려다 보고 있다.
④ 노사 세뇨라 성당 내부 모습

Caminho de Santiago
순례길

프랑스 생 장St. Jean에서 출발해서 스페인의 산티아고 데 콤포스텔라 Santiago de compostela까지 가는 800km의 긴 여정. 어떤 이는 25일 만에 걷기도 하고, 또 어떤 이는 40일을 훌쩍 넘어 버리기도 한다. 하루 만에 혹은 3일 만에 포기하는 순례자도 있다.

100km만 넘게 걷는다면 누구든지 순례길을 걸었다는 라틴어로 된 증명서를 받을 수 있다. 100km를 걸었다는 사실을 증명하려면 끄레덴시알Credencial이라고 불리는 순례자 여권이 있어야 하고, 성당이든 식당이든 알베르게순례자들의 전용 숙소. 끄레덴시알이 있어야 숙박이 가능하다든 순례자가 걷는 그 길 어딘가에서 반드시 순례자 여권에 스탬프를 받아야 한다.

나는 2016년에 처음으로 순례길을 걸었다. 준비없이 즉흥적으로 떠났던 산티아고 순례길이었지만 그 어떤 여행과도 견줄 수 없는 감동의 시간들이었다.

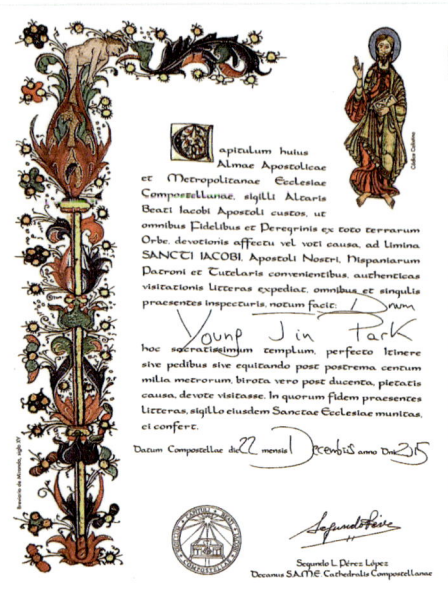

유럽의 최서단을 인증하는 기념비에는
카몽이스의 글귀가 적혀 있다.

새벽과 맞닿은 시간, 사리아saria의 어둡고 좁은 골목길을 내딛던 내 하얀색 운동화, 그 돌바닥에 부딪히면서 내 몸을 지탱해주던 나무 지팡이, 등 뒤에서 다가와 차가운 몸을 녹여주던 갈리시아의 아침 햇살, 오전 내내 걷다가 멈춰선 순례자 식당에서 한쪽 다리를 쭉 펴고 앉아 정신없이 퍼먹었던 따듯한 수프 칼도Caldo, 길을 걷다 만났던 많은 페레그리노Peregrino 순례자, 파울로 코엘류, 산티아고 대성당과 순례자를 위한 미사. 길 위에서의 모든 장면들이 가슴에 새겨졌다.

여행을 마치고 한참이 지난 어느 날 살라망카 주에 위치한 작은 도시 시우다드 로드리고Ciudad Rodrigo의 한 레스토랑 앞에서 우연히 순례길 표시를 발견했던 그때 지난 순례길에서의 여정이 머리속을 스쳐 지나갔고, 가슴이 뜨거워지는 그 기억들은 한참 동안 내 몸 어딘가에 머무르다가 사라졌다.

그리고 또 몇 달 뒤 독일의 로텐부르크 대성당 앞을 지나다가 성당 앞에 놓인 야고보의 동상을 발견했다. 한 손에는 지팡이를 또 다른 손에는 조가비를 들고 있는 동상 밑에는 'jakobsweg'라고 적혀 있었다. 독일어로 "길"이라는 뜻의 'weg'라는 글자가 한눈에 들어왔다.

"이 길이 정말 산티아고 순례길이 맞아요?"

대성당 안으로 들어가 성당 매표소 직원에게 다짜고짜 물었다. 산티아고로 향하는 순례길 중에서 독일에서 출발하는 장소가 무려 50개도 넘는다는 사실을 몰랐을 때의 일이다.

"네. 맞아요. 스페인의 산티아고 데 콤포스텔라로 향하는 순례길이죠. 그 책 줘봐요. 제가 스탬프를 찍어 줄게요!"

검은테 안경을 쓰고 검은색 유니폼을 입은 중년의 여성이 서랍을 열고 스탬프를 꺼내 내 독일 여행 책 안에 찍어 줬다.

①② 로텐부르크 야고보 성당 앞에 있는 야고보 동상과 바닥에 있는 순례길 표시
③ 성당 직원이 책 안에 찍어준 스탬프

❶ 독일 라이프치히를 지나는 순례길 표시. 이정표 기둥에 표시된 노란 조가비 모양이 순례길을 안내하는 표식이다. 자세히 보지 않으면 모르고 지나칠 수 있다.
❷ 오스트리아 인스부르크 시내 중심을 통과하는 순례길 표시
❸ 오스트리아 북부 플로리안 수도원을 지나는 순례길 표시
❹ 프랑스 베지에Beziers에서 만난 라파엘과 부르노. 아를에서 툴루즈까지 500km가 넘는 길을 걷는 순례자들이었다.

성당 밖으로 나와 쭈그리고 앉아 계속 그 스탬프를 바라봤다. 바로 옆에는 야고보가 서 있었다. 야고보 동상 뒤로 차분한 색조의 로텐부르크 대성당과 종탑이 보였다.

그 순간 "자기 영혼의 떨림을 따르지 않는 사람은 불행할 수밖에 없다"라고 말한 마르쿠스 아우렐리우스의 말이 떠올랐다. 그때였다. 다시 순례길을 걸을 거라고 다짐한 순간이.

페레이라 데 제제레에서 만난 리에데의 권유대로 리스본이 아닌 알안드라Alhandra에서 시작했다. 포르투갈 순례길은 스페인에 비해서 잘 알려지지 않았을뿐더러, 아직 순례자들을 보기 힘든 3월이었기 때문에 4월부터 10월까지만 운영하는 알베르게가 대부분이다. 5일 동안 다른 순례자들을 거의 만나지 못할 거라고 생각했다. 어쩌면 그게 더 좋을 것 같았다. 그토록 걷고 싶었던 순례길에서 온전히 나만의 시간을 갖고 걷다가 포르투갈의 정겨운 시골과 포르투갈 사람들, 전통 음식을 먹는 상상을 했다.

아잠부자Azambuja까지는 18km를 걸어가야 한다. 한 시간에 5km 정도를 걷는다고 가정했을 때 4시간 정도면 충분히 도달할 수 있는 거리이다. 보통은 7~8시쯤 아침 일찍 출발해서 중간에 점심식사를 하고 오후 3~4시쯤에 알베르게에 들어가 그 이후에는 마을을 산책하며 관광하는 것이 순례자들의 일상이다.

거리에서 만난 친절한 아주머니의 도움으로 순례길을 가리키는 노란색 화살표를 쉽게 찾을 수 있었다. 앞으로 5일간 저 화살표만 보고 따라가면 길을 잃을 염려는 없다.

"봉 카미뉴"Bom caminho

순례자 표지판이 있는 곳까지 함께 와준 아주머니가 손을 흔들며 인사를 하고 떠나셨다. "좋은 순례길 되세요!" 라는 뜻의 스페인어 '부엔 까미노'Buen Camino의 포르투갈식 인사다.

"무이투 오브리가두"Muito obrigado 정말 감사합니다.

나도 손을 흔들어 인사를 건넸다.

스페인에서는 카미노Camino, 포르투갈에서는 카미뉴Caminho라고 한다.
"길"이라는 뜻이다.

    오전 9시인데 해는 이미 높은 곳에 떠 있었다. 상쾌한 바람이 불었다. 어제 비가 제법 내렸던 탓에 순례길 여기 저기에 빗물이 고여 있었다. 그 빗물은 3월의 눈부신 파란 하늘을 그대로 담고 있었다. 그렇게도 다시 걷고 싶었던 순례길에 내가 서 있었다.

    길은 하늘과 같이 걷다가 강을 만나고 나무를 만나고 오래된 성당을 만났다가 또다시 하늘과 만난다. 자갈로 가득한 기찻길을 건너기도 하고 간판도 없는 카페에 들어가 달콤한 에스프레소 한 잔을 마시고 걷다가 예상치 못한 길목에서 다른 순례자를 만나기도 한다.

    "안녕! 반가워!"

    키가 190cm도 넘어 보이는 백인 청년을 보자 마자 반갑게 인사를 건넸다. 내 생각에도 좀 지나치게 반가운 인사였다. 5일간 혼자서도 씩씩하게 걸을 수 있다고 생각했는데 나도 모르는 사이에 외로웠나 보다.

    "안녕! 반가워! 나는 파울리Pauli라고 해. 핀란드에서 왔어."

파울리는 리스본에서 나보다 하루 먼저 순례길을 걷기 시작했고, 둘째 날에 나를 만났다. 리스본에서 출발해서 산티아고까지 총 26일간 순례길을 걸을 계획이라고 한다.

"어제 첫날 알안드라에 도착했는데 거기에 알베르게가 없어서 한참을 숙소를 구하러 다니다가 결국에는 소방서에 가서 잤어. 거기서 미국에서 온 다른 순례자 한 명을 만났는데 그녀는 아침 일찍 출발했고 나는 더 쉬다가 좀 전에 출발했지. 첫날 30km 가까이 걸어서 그런지 지금 다리 상태가 별로 안 좋아. 특히 무릎이. 첫날은 너무너무 좋았는데 오늘은 힘들어."

우리는 빗물로 인해 생긴 웅덩이를 피해가며 천천히 걸었고, 파울리는 오랜 친구를 대하듯 어제 있었던 일들을 상세히 설명해줬다. 헬싱키 근교 도시에서 살고 있는 파울리는 어떤 종교적인 이유로 순례길을 걷는 게 아니라 그냥 걷는 그 자체를 좋아한다고 했다. 2016년에는 에베레스트 트레킹을 했고, 2018년에는 안나푸르나 12일짜리 트레킹을 했다고 한다. 나도 히말라야 트레킹 경험이 있고, 워낙 네팔을 좋아하는 터라 서로 한참 동안 네팔의 경험담을 털어 놓았다.

30분 이상 같이 걷다가 잠시 대화가 중단되고 파울리는 좀 더 빨리 걷고, 나는 좀 더 천천히 걸으면서 둘 사이가 벌어졌다. 파울리는 다리를 조금 절뚝거렸고 내일이면 다리가 더 안 좋아질 것처럼 보였다. 이대로 다시는 못 마주칠지도 모르기에, 큰 무리없이 순례를 잘 마치기를 바라는 마음으로 그를 바라봤다. 파울리는 내 시야에서 점점 더 멀어졌다.

아픈 다리로 쉬지 않고 걷는 파울리의 뒷모습

첫 번째 도착한 도시는 빌라 프랑카 드 시라Vila franca de Xira였다. 도시 초입에 눈에 띄는 건축물이 하나 있었는데, 포르투갈의 현대 건축가 미겔 아루다Miguel arruda가 만든 공립 도서관이었다. 건물 앞 야외 테이블에는 테주 강을 바라보며 커피 한 잔 할 수 있는 장소가 마련되어 있었다. 동쪽과 마주한 넓은 창을 통해 자연의 빛을 최대한 풍부하게 끌어들이려는 건축가의 철학을 엿볼 수 있었다. 이런 건축물은 길을 걷다 우연히 받게 되는 선물 같은 것이다.

도서관 앞에는 커다란 얼굴에 덥수룩한 수염이 인상적인 청동상이 세워져 있었다. 이 도시 출신의 작가인 알바로 게라Álvaro Guerra였다. 동상 밑에는 "내 과거는 언제나 더 나은 미래를 가져온다"Ao futuro entregarei sempre o melhor do meu passado라는 문구가 적혀 있었다.

❶ 미겔 아루다가 2014년에 건축한 도서관 외부 ❷ 도서관 내부 모습.
❸ 강변에 위치한 알바로 게라의 동상 ❹ 빌라 프랑카 드 시라 기차역

다시 걷기 시작했다. 왼편 기찻길로 알록달록한 바탕에 커다란 그래피티로 장식된 열차가 시끄러운 소음을 내며 지나쳤다. 오른 편에는 커다란 공장들이 줄지어 있었다. 내일 정도면 좀 더 아름답고 여유로운 길이 나올 거라고 혼자 중얼거리며 무리하지 않고 천천히 걸었다. 아주 한참 동안 물 한 병 살 수 있는 상점 하나 없이 혼자서 걷다가 카페 하나를 발견하고는 바로 들어갔다.

"안녕 친구! 이제 왔어?"

마치 나를 기다렸다는 듯이 파울리가 반갑게 인사를 건넸다. 그의 앞에는 에스프레소 한 잔이 놓여 있었고, 마을 주민으로 보이는 아저씨 한 분과 이야기를 나누고 있었다.

"어서 오게. 자네도 순례자구먼. 나도 오래 전에 이 길을 걸은 적이 있지."

그때 카페 종업원이 주문한 커피를 가져왔다. 커피향이 좋았고, 헤어졌던 파울리를 다시 만난 건 더 좋았다.

"여기 커피가 아주 맛있어요. 주인은 포르투갈 사람이지만 원두는 쿠바산이에요. 그래서 카페이름을 〈카페 쿠바노〉Café cubano라고 한거죠."

카페에서 만난 마을 아저씨는 우리 두 사람을 흐뭇하게 바라보며 우리의 순례길을 축복해줬다.

카페 안에서 파울리와 아저씨가 대화를 나누다가 내가 사진을 찍자 카메라를 바라보며 미소를 짓고 있다.

다시 만난 우리는 다시 순례길을 함께 걸었다.

"점심은 먹었어?"

내가 물었다.

"응 먹었지. 샐러드와 소고기 그리고 와인 두 잔. 후식까지 먹었는데 9유로야. 핀란드에서는 상상할 수 없는 금액이지. 포르투갈이 점점 좋아지고 있어. 와인이 너무 맛있어서 한 잔 더 마실까 말까 고민하다가 마셨는데, 만약 안 마셨더라면 너를 다시 못 볼 뻔했어."

오늘 숙박을 하게 될 아잠부자까지는 조금만 더 걸으면 되는 거리였다. 우리는 또 이런 저런 대화를 나누면서 길을 걸었다.

"혹시 아까 투우장 봤어? 포르투갈에서도 투우를 하는 거야? 지금도 해?"

파울리가 물었다.

"응. 나도 봤어. 포르투갈에서도 투우경기를 하지. 지금은 예전처럼 많이 하지는 않고 1년에 한두 번 정도만 하는 것 같아. 축제 기간에 말야."

파울리는 신기한 듯 내 말에 귀를 기울였다.

"산타렝Santarém, 빌라 두 꼰드Vila do conde, 나자레Nazaré 같은 도시가 투우를 즐기는 대표적인 도시야.

"넌 투우경기를 직접 본적 있어?"

"나는 여러 번 봤지. 스페인, 프랑스, 포르투갈에서 모두 봤어."

"포르투갈도 소를 죽여?"

"아니, 다행히도 내가 리스본에서 봤던 투우경기에서는 소를 죽이지 않았어. 스페인과 비슷한 방식으로 경기를 하다가 마지막에는 소를 살려 주더라고. 하지만 프랑스는 스페인처럼 잔인하게 칼로 찔러 소를 죽여. 나는 투우가 없어져야 한다고 생각하는 사람 중에 하나야."

어느새 아잠부자에 도착했다. 우리가 가지고 있는 정보로는 아잠부자에 단 하나의 알베르게가 있었다. 순례자 전용 숙소인 알베르게가 아예 없는 도시들도 많은데 한 개라도 있다는 것은 감사한 일이다.

"여기 알베르게가 어디에 있어요?"

아잠부자 초입에서 마주친 마을 아주머니에게 길을 물었다.

"아! 순례자군요? 저를 따라오세요. 제가 어디에 있는지 알아요."

우리 둘은 친절한 크리스티나 아주머니를 따라 알베르게를 향해 걸

알베르게를 찾아 골목길을 걷는 크리스티나와 파울리

알베르게 앞에서 전화를 하고 있는 크리스티나 아주머니 모습. 그러나 안에는 아무도 없었다.

어갔다. 파울리는 나를 바라보며 웃었다. 파울리가 환하게 웃으며 나를 보던 그때까지만 해도 우리는 오늘 묵을 거처를 순조롭게 구할 수 있을 거라고 생각했다. 하지만 힘들게 걸어서 도착한 알베르게의 문은 굳게 닫혀 있었고, 12월부터 3월까지는 영업을 하지 않는다는 안내문이 4개 언어로 적혀 있었다.

크리스티나는 난감해하며 근처에 있는 작은 호텔을 소개해줬다. 우리는 몇 번이나 고맙다고 인사를 했고, 크리스티나는 몇 번이나 미안하다고 말하고 돌아갔다.

우리를 반갑게 맞이한 호텔 주인 아주머니는 싱글에 25유로, 트윈에 35유로의 금액을 불렀다. 조식은 제공되지 않았지만 그래도 이만하면 나쁜 금액은 아니라고 생각하다가 살짝 파울리의 표정을 봤다. 살짝 고민하는 눈치였다.

"25유로는 너무 비싼 것 같아. 20유로로 깎아 달라고 하면 어떨까?"

파울리가 내게 물었다. 파울리는 영어를 아주 잘 하지만 영어를 잘 못하는 포르투갈 사람 앞에서는 나에게 의지할 수밖에 없었다. 내가 조금 깎아줄 수 없냐고 묻자 호텔 주인은 고개를 절레절레 흔들었다.

"25유로 밑으로는 안 돼요. 지금 2층에 있는 아일랜드 커플은 인터넷 예약 사이트로 예약을 하고 와서 45유로를 냈어요. 당신들은 직접 왔기 때문에 싸게 잘 수 있는 거에요."

영어를 잘 못하는 여관 주인은 포르투갈어로 쏘아붙이듯 크게 말했다. 파울리에게 통역을 해주려고 하는데, 이미 파울리도 어떤 내용인지 눈치를 챈 듯 고개를 끄덕였다.

"우리 소방서에 가서 한 번 물어보자. 내가 가지고 있는 안내책에는 소방서마다 순례자를 재워주는 숙소가 있다고 써 있어."

역시 유럽인들의 여행 방식은 한결같다. 발품을 팔아서라도 어떻게든 싼 숙소를 찾고야 만다. 세계일주를 하면서 만났던 유럽의 여행자들은 모두 파울리처럼 여행 경비에 민감했다.

우리는 다시 마을 초입까지 10분 이상을 걸어서 돌아와 소방서를 찾았다. 다행히 아잠부자 소방서 앞에는 한 소방관이 서 있었다. 파울리가 소방관에게 다가가서 순례자를 위한 숙소가 있는지 물었다. 빨간색 유니폼을 입고 마치 할리우드의 서부영화에 나오는 배우처럼 콧수염을 기른 젊은 소방관은 양손을 주머니에 넣은 채 우리 둘을 번갈아 바라보며 대답했다.

"아잠부자 소방서에는 순례자를 위한 숙소가 없어요."

아잠부자 소방대원 미겔

우리는 절망했다. 다시 그 호텔, 아니 그 여관으로 돌아가 키 큰 파울리와 키 작은 여관 주인 사이에 서서 가격을 협상하고 있을 한국 남자의 모습을 상상했다.

"잠깐만요. 알베르게가 문을 닫았다면 한가지 대안이 있어요. 성당에서 소유하고 있는 순례자 숙소가 한 곳 있거든요."

이 말을 알아들은 내 얼굴과 전혀 무슨 상황인지 모르는 파울리의 얼굴은 극과 극이었다. 소방관이 성당으로 전화를 거는 사이에 나는 파울리에게 상황 설명을 해줬고, 그제서야 파울리의 얼굴에 화색이 돌았다.

"지금 통화했어요. 마트리스 성당으로 가서 리타 수녀님을 찾으세요. 숙소를 제공해 줄 겁니다."

"고마워요. 멋쟁이 소방관 미겔!"

순례길 179

우리는 또다시 시내 중심으로 걸어가 마트리스 성당 안으로 들어갔다. 로마네스크 양식의 성당 내부는 차분하고 위엄이 있었다. 금으로 도금된 화려한 제단은 강한 빛을 발산하고 있었고, 양 옆 벽면에는 아줄레주로 가득 채워져 있었다. 제단 왼쪽에 작은 사무실에서 연세가 많으신 수녀님이 나와서 우리를 맞이해 주셨다.

"어서오세요. 이리로 와서 스탬프부터 찍어요."

리타 수녀님은 도장을 찍어주고 오늘 날짜를 또박또박 적어줬다. 하던 일을 마치기 위해 10분만 기다려 달라는 말씀을 하시고는 성당 밖으로 잠시 나가셨다. 나는 성당 앞자리에 앉아 제단을 바라보며 오늘 무사히 첫날을 마친 것에 대한 감사의 기도를 드렸다. 정면에는 파티마의 성모 조각이 보였고, 오른쪽에는 안토니오 성인의 조각상이 보였다. 파울리도 내 옆에 조용히 앉아 있었다. 파울리도 나도 둘 다 가톨릭 신자는 아니었지만 결국에는 숙소를 구한 이 상황에 함께 감사했다.

숙소 문을 열었을 때 우리 둘은 부라보를 외쳤다. 기대 이상으로 깨끗하고 아늑한 공간이었기 때문이다. 리타 수녀님은 우리가 저녁을 해 먹을 수 있도록 고기와 야채 그리고 수프까지 제공해 주셨다. 과일과 요구르트, 커피까지 마음껏 먹으라고 하셨다. 수녀님이 나가시고 나서 파울리는 곧장 방 안으로 들어가서 노트를 꺼내 일기를 적었다. 지금의 이 감사한 기분을 기록하고 싶다고 했다.

마트리스 성당 내부 모습

리타 수녀님이 순례자 여권에 스탬프를 찍어주는 모습을
파울리가 공손한 자세로 바라보고 있다.

숙소 문을 열고 계신 리타 수녀님

방 안에서 일기를 쓰고 있는 파울리의 모습

수녀님이 주신 돼지고기를 굽고 있는 파울리

그날의 저녁 만찬. 돼지고기와 빵, 스프, 맥주

"포르투갈 너무 좋아!"

파울리는 낮에 했던 말을 또 반복했다. 내가 전에 세계일주를 할 때 어려운 상황이 닥쳐오면 누군가가 나타나서 나를 도와주곤 했었는데, 곰곰이 생각을 해보니 오늘은 내가 파울리에게 그런 존재였던 것 같다. 괜스레 기분이 좋아졌다.

그렇게 한국에서 온 순례자와 핀란드에서 온 순례자는 성당에서 제공하는 순례자 숙소에 들어가 맛있는 식사를 즐기며 영원히 기억될 추억을 만들었다.

감사하다는 인사말과 함께 놔둔 기부금

다음 날 숙소를 나오면서 각각 20유로씩 총 40유로를 테이블에 올려놓고 나왔다. 그 40유로가 또 다른 순례자들을 위해 사용되기를 바라면서.

다시 성당으로 내려와 오늘 하루 무사히 걸을 수 있게 해달라고 기도를 드렸다.

우리는 또 다른 하루를 시작했고, 또다시 걸었다. 어제 푹 쉬었던 탓에 나는 컨디션이 좋았지만 파울리는 여전히 무릎이 안 좋아 보였다.

"무릎은 어때?"

"응. 어제보다는 괜찮아. 그런데 여기서 산타렝까지 33km인데, 거기까지 가는 건 아무래도 무리인 것 같아. 두 번에 나눠서 가는 게 더 낫겠어."

"그래. 맞아. 무리하면 안되지. 아직도 많이 남았잖아. 난 일정상 5일만 걸을 수 있기 때문에 어떻게든 오늘 산타렝까지 가야 해."

"그럼. 오늘 우리가 헤어지는 날이 될 수도 있겠구나. 그러지 않기 위해서는 내가 좀 더 힘을 내야겠네."

서로 한 시간만 엇갈려도 영원히 만날 수 없는 길이 바로 산티아고 길이다. 그걸 알기에 더더욱 아쉬운 마음이 앞섰다.

아잠부자를 벗어나 기찻길을 건너자 산타렝으로 향하는 두 갈래의 길이 나온다. 하나는 산타렝으로 가는 직선 도로이고, 또 다른 하나는 테주 강과 나란히 걷는 아름다운 산책길이 이어진다. 무릎이 아픈 파울리도, 시간이 없는 나도 짧은 고민도 없이 멀리 돌아가는 길을 택했다.

이미 봄으로 가득한 3월의 포르투갈 순례길은 너무나도 맑고 상쾌했다. 한참동안 갈대밭이 이어지더니 그 후엔 온통 초록으로 뒤덮인 아름다운 길이 이어졌다. 한 켠에 옛날 농기구가 보였고, 그 뒤로 유채꽃밭이 펼쳐졌다.

우리는 가끔씩 나오는 노란색 순례길 표시를 확인해가며 걷고 또 걸었다. 파울리가 아픈 무릎때문에 힘들어 하는 모습이 보였고, 난 쉬고 싶을 땐 언제든지 쉬었다 가자고 말했다.

보통의 순례길은 노란색으로 표시되어 있지만, 포르투갈 순례길에는 파티마 순례길을 표시하는 파란색이 함께 있다. 이 길은 함께 가다가 산타렝에서 나뉘고, 그 이후로는 노란색 표시만 보이게 된다. 리스본에서 파티마까지 가는 순례길은 포르투갈의 가톨릭 신자들이 주로 찾는 순례길이다.

보통 첫날은 너무 좋고, 둘째날은 너무 힘들다. 그러다가 3일째 되는 날은 도저히 걸을 수 없어서 포기하는 경우가 종종 있다. 파울리에게는 오늘이 바로 그 날이다. 끝까지 잘 걸었으면 좋겠다고 마음 속으로 그의 건강을 빌었다.

큰 울타리에 커다란 농장이 보였다. 입간판에는 '퀸타'Quinta라고 적혀 있었다. 포르투갈어로 "농장"이라는 뜻이다. 농장 안에 사람이 있길래 오렌지를 한두 개 얻을 수 있냐고 물었다. 농장 직원으로 보이는 포르투갈인은 큰소리로 직접 들어와 얼마든지 가져가라고 했다.

"넌 어떻게 그렇게 쉽게 말을 걸어? 나는 포르투갈어를 할 줄 안다고 하더라도 너처럼 못할 것 같아. 그래도 네 덕분에 맛있는 오렌지를 얻었네. 너 그거 알아? 나 태어나서 처음으로 오렌지를 직접 따 본거야. 내가 사는 핀란드에는 오렌지 나무가 없거든."

"넌 핀란드에서 어떤 일을 해?"

"난 건설회사를 다니고 있는데, 땅하고 관련된 일을 하고 있어. 그런데 핀란드의 땅은 1년에 4개월간 얼어 있거든. 그래서 휴가가 4개월이야. 난 일에 대한 관심도 있지만 4개월 휴가에 대한 관심이 더 크지."

"와! 멋지다!"

"그렇지? 나도 그렇게 생각해."

"그럼 4개월 쉬는 동안 월급은 받는 거야?"

"응. 받지. 대신에 월급의 70%가 나와. 그래서 난 내 직업이 너무 좋아. 이렇게 길게 여행을 나올 수도 있고."

오렌지 나무 앞에서 기념 촬영을 하고 있는 파울리

　이런 저런 이야기를 하며 걷다가 저 멀리 경비행기가 주차되어 있는 비행장이 보였다. 파울리와 나는 서로 눈이 마주치자 마자 서로 한 번 웃고는 바로 비행장 안으로 들어갔다. 드넓은 잔디밭 위에 활주로가 보였고, 나이가 60이 훌쩍 넘어 보이는 포르투갈의 어르신들이 삼삼오오 모여 있었다. 개인 소유의 경비행기를 보관하기도 하고 직접 비행도 하는 장소였다. 또한 비행기 조종 자격증도 발급하는 비행 학교였다. 우리는 10분 비행에 1인당 50유로였던 요금을 2명이 하는 조건으로 1인당 40유로를 지불하고 경비행기를 타기로 했다. 파울리는 핀란드에서는 1인당 최소 100유로가 넘는다며 기뻐했다.

파울리가 먼저 타기로 했는데, 작은 비행기 안에 190cm도 넘는 장신이 잘 못들어가자 조종사 루이스는 다리, 엉덩이, 어깨, 머리 순서로 파울리를 집어넣었다. 두 명의 건장한 성인이 저 작은 비행기 안에 들어가는 모습은 정말 가관이었다.
　그리고 활주로를 지나 비행기는 하늘을 날았다.
　"뭐라고 표현할 수 없을 정도야. 정말 최고였어!"
　10분간 새처럼 자유롭게 고공 비행을 하고 온 파울리는 엄지를 치켜세웠다. 아이처럼 즐거워하는 모습에 나도 행복했지만 기쁨도 잠시, 이번에는 내 차례였다. 애써 태연한 척했지만 작은 비행기로 공중에 뜬다

❶ 비행기 안을 유심히 살피고 있는 파울리
❷ 파울리를 좌석에 앉히고 있는 조종사 루이스
❸ "나 들어왔어"라고 말하는 파울리의 즐거운 표정
❹ 하늘을 나는 비행기

는 게 조금 겁이 났다. 파울리보다는 좀 더 쉽게 비행기 안으로 들어가 앉았다. 옆자리에는 믿음직스러운 루이스 조종사가 앉아 있다. 드디어 활주로. 순식간에 비행기가 하늘로 뜬다. 포르투갈 시골의 풍경이 한눈에 들어왔다. 강을 따라 걸었던 순례길도 보인다. 논밭에 비친 비행기의 그림자가 보였다. 멋지게 하늘을 날고 있었다.

스웨덴 작가 라겔뢰프의 동화 「닐스의 신기한 여행」이 떠올랐다. 마법에 걸려 난쟁이가 된 닐스가 거위의 등에 올라타서 기러기 떼들과 함께 세계를 여행하는 동화 속 세상이 눈 앞에 펼쳐지는 듯해 보였다. 내가 마치 어린 소년 닐스가 된 것처럼.

스릴 넘쳤던 비행은 순식간에 끝이 났다. 루이스로부터 명함을 받아들고 밖으로 나왔다. 왠지 이 곳에 다시 올 것 같았다. 우리는 또 다시 걸었다. 한 시간 이상이나 걸었는데도 아직도 오늘 하루에 걸어야 하는 길의 절반도 오지 못했다는 사실을 알게 되었다. 작은 마을 초입에 있던 작은 카페에 도착해서야 편하게 앉아 커피를 마시며 쉴 수 있었다. 그리고 우리는 거기서 헤어져야 했다. 파울리는 더 이상 걸을 수 없을 정도로 무릎이 안 좋았고, 나는 오늘 안에 산타렝까지 가야 했기 때문이다.

우리는 카페 야외 테이블에 있는 플라스틱 의자를 벽에 바짝 붙이고 나란히 앉아 이별의 시간을 가졌다.

"리스본에서 출발한 첫날은 무조건 걷기만 했어. 앞만 보고 걸었지. 그런데 너를 처음 봤을 때 너는 지나가는 차를 향해 손을 흔들고 있었

경비행기 안에서 찍은 사진. 내가 타고 있는 비행기의 그림자가 보인다.

스웨덴 화폐 20크로나 뒷면에는 거위 등에 올라타고 비행하는 닐스의 모습이
그려져 있다. 배경에 보이는 시골집이 위에 있는 사진의 집과 똑 같은 모습이다.

파울리와 마지막으로 헤어졌던 카페 캄피노

어. 차 안에 있던 운전자의 얼굴을 봤는데 환하게 웃고 있더라고. 그래서 나도 너처럼 차를 향해 손을 흔들어 봤어. 그랬더니 내 기분이 더 좋아지더라. 그러다가 너와 인사를 하게 되었고, 그렇게 너를 만난 건 나에겐 커다란 행운이었다는 걸 말하고 싶었어. 이틀 동안 너와 함께 길을 걸으면서 겪었던 일들은 내 산티아고 순례길을 통틀어서 최고의 순간으로 남을 거야."

파울리가 말했다.

"나도 마찬가지야. 건강하게 산티아고에 도착할 수 있게 해달라고 기도할게. 한 가지 부탁이 있어. 산티아고 대성당에 도착하거든 멋진 사진 한 장 보내줘. 왠지 그 사진을 받으면 너무 기쁠 것 같아."

카페 앞에서 우리 둘은 한참을 아쉬워하다가 헤어졌다.

파울리와 헤어지고 산타렝까지 가는 길은 끝이 보이지 않았다. 무려 6시간을 더 걸었고, 해가 완전히 지고 저녁식사 시간이 한참이 지난 후에야 비로소 산타렝에 도착할 수 있었다. 산타렝에 있는 유일한 알베르게를 찾아갔는데 문이 닫혀 있었다. 어쩔 수 없이 근처에 있는 호스텔을 찾아 15유로를 지불하고 하룻밤 머물 침대를 배정받았다.

"스페인의 순례길은 순례자를 위한 시설이 잘 되어 있는데 포르투갈은 알베르게 구하는 일이 참 어렵네." 하며 속으로 불평을 하다가 문득 이런 생각이 들었다. 옛날 순례자들은 정말 이러지 않았을까? 포르투갈처럼 모든 게 열악하지 않았을까? 어떤 때에는 온종일 걸어도 주변에 아무것도 없고 물 한 잔 마시기도 어렵지 않았을까? 오늘은 정말 그 옛날의 순례자가 된 기분이었다.

산티아고 순례길 셋째 날. 산타렝에서 골레가Golegã까지는 31km 정도 된다. 오전 7시에 걷기 시작해서 하루 종일 걸었다. 나보다 20km 정도 뒤쳐진 곳에서 걷고 있을 파울리 생각이 났다. 골레가로 향하는 길은 끝없는 와인밭이 이어졌다. 5m 정도 되는 낡은 망루는 맑은 하늘과 제법 잘 어울렸다. 2시간 정도가 지나서 발레 드 피게이라Vale de figueira에 도착했고, 또 그만큼의 시간이 지나서 퐁발리뉴Pombalinho에 도착했다. 더 이상 걸을 수 없을 정도로 다리가 아팠다. 작은 카페에 들어가 갈라옹Galão 한 잔과 빵을 주문했다. 갈라옹은 보통의 밀크커피보다 커피 양이 더 적고 우유가 많이 들어간 커피이다. 위에 부담이 적기 때문에 아침에 마시기에 아주 좋은 커피다.

"이건 조금 특별한 갈라옹이에요. 나만의 특별한 기술로 만든 3단 갈라옹이죠."

카페 주인 아저씨 루이스가 주문한 갈라옹과 빵을 주며 말을 건넸다.

루이스가 만든 3단 갈라옹

카페 오 빠떼우Café O Pateo의 주인 루이스 아저씨

스위스에서 18년간 살았던 루이스는 고향이 그리워서 스위스 생활을 정리하고 이 마을로 돌아왔다고 한다. 루이스의 포르투갈 사랑이 듬뿍 담겨 있어서 그런지 그의 갈라옹은 특별히 더 맛있었다.

또 한참을 걸어 아지냐가Azinhaga 마을에 들어왔다. 이곳은 노벨 문학상을 수상한 포르투갈의 소설가 주제 사라마구José saramago가 태어난 곳

① 주제 사라마구가 태어난 집
② 집 앞에 사라마구의 생가라는 표시가 되어 있다. Aquí는 "여기", Nasceu는 "태어났다"라는 뜻이다. 사라마구는 1922년 11월 16일에 태어났다. 그 밑에 Prémio는 "상"이란 뜻이다. 1998년에 노벨 문학상을 받았다는 내용이 적혀 있다.
③ 마을 벤치에 앉아 책을 읽고 있는 사라마구의 동상

이다. 『수도원 비망록』으로 1998년에 노벨 문학상을 받았는데, 우리나라에는 『눈먼 자들의 도시』와 『도플갱어』의 저자로 더 잘 알려져 있다. 사라마구 재단과 그의 동상들을 마을 곳곳에서 발견할 수 있다. 또한 순례길을 걷다 보면 사라마구의 생가도 지나치게 된다. 포르투갈의 이름 없는 시골 마을, 그것도 토지 소유도 전혀 없던 가난한 농부의 아들로 태어난 주제 사라마구가 세계적인 소설가로 성장한 것이다.

아지냐가를 지나 오늘의 목적지인 골레가에 도착했다. 골레가에 있는 알베르게는 다행히 문이 활짝 열려 있었다. 마을 중심과는 살짝 벗어난 알베르게 다스 아데마스Albergue das además의 하루 숙박비용은 15유로다. 아침식사는 포함되어 있지 않지만 주방에서 빵과 비스킷 등은 언제든지 먹을 수 있고, 주방도 맘껏 사용할 수 있다. 세탁기만 1회 사용당 3유로를 지불하면 된다. 비록 순례자가 나 혼자 뿐이어서 6인실을 혼자 쓰는 게 조금 미안했지만, 다리 쭉 뻗고 편히 쉴 수 있는 안락한 공간이었다.

알베르게 입구 왼쪽에 순례자를 상징하는 조가비가 장식되어 있다.

순례길 넷째 날. 오늘의 목적지는 토마르다. 그리스도 수도원이 있는 포르투갈의 유명 관광지 중의 한 곳이다. 숙소에서 나와 무거운 배낭을 짊어지고 순례길을 걸었다. 마을을 벗어나자 커다란 올리브 나무로 가득한 농장이 나왔고, 그 농장을 따라난 좁은 길로 한참을 걸었다. 어제는 무릎과 발목이 조금 아팠는데, 오늘은 어제보다 조금 나아진 것 같다. 내일은 더 괜찮을 것 같았다.

골레가에서 두 시간쯤 걸어가면 아탈라이아Atalaia라는 도시가 나오는데, 아탈라이아에 도착하기 조금 전에 순례길을 벗어나 동쪽으로 한 시간 정도 걸어가면 알모우롤 조각공원Parque de Escultura Contemprane Almourol이 있다. 이 공원에 포르투갈의 유명한 설치 미술가 조안나 바스콘셀루스Joana Vasconcelos의 작품이 있다는 사실을 전부터 알고 있었기 때문에 꼭 방문해 보고 싶은 곳이었다.

구겐하임 미술관에 전시된 조안나의 작품. 여기서 조안나의 작품을 처음 봤다. 최초의 여행자인 에게리아Egeria를 표현한 그녀의 작품 앞에서 한참동안 넋을 잃고 바라봤던 기억이 난다.

순례길을 살짝 벗어나지만 그 정도면 아주 먼 거리는 아니라고 생각했었다. 하지만 막상 갈림길에 서니 만사가 귀찮아졌다. 쉬지 않고 곧장 토마르까지 가는 길도 만만하지 않은 길이었기 때문이다. 그런데 그때 한 가지 생각이 머리 속을 때렸다.

"지금 가지 않으면 어쩌면 평생 다시는 못 갈지 몰라."

결국 발길을 동쪽으로 돌렸다. 그리고 또

한참을 걸어서 공원에 도착했다. 강변에 자리한 공원 입구에는 소시지 빵을 팔고 있었고, 그 주변으로 신나게 뛰어노는 아이들과 애완견들이 보였다. 가족 단위로 놀러온 수많은 사람이 공원에서 행복한 표정을 지으며 한가로운 오후를 보내고 있었다.

제일 먼저 조안나의 작품을 찾았다. 공원 초입에 그녀의 작품 트리아농Trianon이 한눈에 들어왔다. 마리 앙투아네트가 즐겨 사용했다는 베르샤유 궁 내부 정원에 있던 트리아농을 재해석한 작품으로 보였다. 공원 안에는 조안나의 작품 이외에도 사나Xana와 크리스티나 아타이데Cristina

❶❷ 조안나의 2012년 작품 〈트리아농〉의 외관과 내부
❸ 사나Xana의 〈하늘의 집Casa no Céu〉
❹ 주제 페드루 크로프트José Pedro Croft의 〈무제〉

Ataide, 주제 페드루 크로프트José Pedro Croft의 작품 등 볼거리가 풍부했다.

    공원을 혼자서 둘러보며 공원에 있는 사람들의 표정을 눈여겨 보았다. 아이들의 얼굴에는 웃음이 넘쳐 흘렀고 아이들을 바라보는 부모와 그 곁으로 깡충깡충 뛰어노는 애완견들, 그리고 강변을 따라 산책하는 노부부의 모습을 바라보며 공원이 주민들에게 주는 의미를 생각해 보았다.

공원의 여유로운 풍경들

인류의 역사를 되짚어 보면 인류는 '발전'이라는 틀 속에 갇혀 '도시'를 중심으로 성장해 왔다. 산업화가 진행되면서 그에 따르는 진통을 겪어야 했고, 개인의 행복보다는 국가 차원의 희생이 앞섰던 것이 사실이다. 그러는 와중에 도시는 점점 더 커져만 갔고 시대의 기대에 부응해 생겨났던 '도심 공원' 또한 거대한 규모로 형성이 되곤 했다. 결국 공원도 도시를 닮는 것이다. 알모우롤 조각 공원을 보면서 비록 규모는 작지만 이처럼 주민들이 쉽게 접근할 수 있는 공원들이 더 많아져야 한다는 생각을 해봤다.

공원을 나오면서 내가 공원 안에서 너무 오랜 시간을 보냈다는 사실을 깨달았다. 토마르까지 걷는 일은 도저히 불가능해 보였다. 결국 계획을 수정할 수밖에 없었고, 근교 도시인 아탈라이아Atalaia에서 자고 다음 날 토마르를 지나 리에데가 있는 빌라 베르드Vila Verde까지 가는 것으로 일정을 수정했다.

다행히 아탈라이아에서 저렴한 숙소를 구할 수 있었다. 카자 두 파트리아르카Casa do Patriarca 호텔에 들어서자 주인 아주머니 루이사 여사가 반갑게 맞이해 주셨다. 2층에서 내려온 막내 아들 미겔도 반갑게 손을 흔들어줬다. 하루 숙박비는 25유로다. 비싼 듯 보이지만 화장실이 딸린 싱글룸을 혼자서 사용할 수 있는 번듯한 호텔이다. 그 뿐만이 아니다. 환상적인 정원과 야외 수영장 그리고 정성스런 조식도 포함이다.

그날의 유일한 손님이었던 나는 호텔 정원에 앉아 쉬고 있었고, 정원을 가꾸며 일을 하던 루이사 여사와 자연스럽게 대화를 나누게 되었다.

아주 오래 전에 우연히 이 건물을 인수하게 되었고, 23년간 이 일을 하면서 70개도 넘는 나라에서 온 관광객들을 만났다고 한다. 그리고 아주 가끔이지만 한국인들도 여럿 다녀갔다고 한다. 관광객들이 남기고 간 방명록을 꺼내 오시더니 자신의 인생이 방명록 안에 그대로 담겨 있다며 미소를 지으셨다. 방명록 안에는 수많은 여행자와 순례자들의 감사의 메시지들로 가득했다.

방명록을 들고 있는 루이사 여사

내가 최근에 다녀온 모로코에서의 여행담을 풀어놓자 루이사는 갑자기 깜짝 놀라면서 자기가 가장 좋아하는 관광지가 바로 모로코라며 반가워했다. 그리고는 2층에 있는 방으로 올라가서 여러가지 물건을 가지고 내려오셨다.

"나는 아직도 남편과 함께 갔었던 모로코 여행을 잊지 못해요. 그 강렬한 색채가 아직도 생생하죠. 얼마 전에 갑자기 나도 모르게 모로코를 그리고 싶어졌어요. 그래서 여러 작품을 만들었는데, 갑자기 모로코 이야기를 꺼내니 내가 깜짝 놀란거죠. 가족이 아닌 사람에게 보여준 건 오늘이 처음이랍니다."

루이사가 그린 그림에는 사하라 사막을 배경으로 낙타를 끌고 가는

루이사 여사의 작품을 모두 모아 놓고 기념 사진을 찍었다.

카사 두 파트리아르카 호텔정원

베르베르인이 보였고, 모로코와 관련된 여러 예술 작품들을 구경할 수 있었다. 작품 감상을 마치고 숙소로 돌아가는 나에게 루이사는 포르투갈 와인 한 병을 선물해줬다.

    편안한 호텔에 아름다운 정원, 뜻밖의 그림 감상과 와인까지. 지친 순례자에게 눈물이 날 정도로 과분한 선물이었다.

막내 아들 미겔과 함께 호텔 입구에서 한 컷

순례길 마지막 날. 해도 뜨기 전에 부지런히 출발했다. 유칼립투스로 가득한 깊은 산림으로 진입했다. 지금껏 평지만을 걸어왔는데 여기서는 오르막과 내리막을 반복해서 두 시간을 넘게 걸으니 드디어 토마르라고 적힌 간판이 보였다. 갑자기 힘이 솟는 듯했다. 아직 갈 길은 멀었지만 그래도 아직까지 오전이었고, 짧게 쉬면서 꾸준히 걸으면 목적지에 도달할 수 있을 것 같았다.

"봉 카미뉴!"

과일가게 아주머니가 인사를 건넸다. 잠시 쉴 겸 과일가게에 들어가서 사과와 바나나를 구입했다.

"아주머니! 오늘 여기 계시면서 순례자를 보신 적 있으세요? 저는 며칠 동안 단 한 명도 못 봤어요."

"어제는 한 명 지나갔었는데 오늘은 당신이 처음이에요. 원래 3월에는 별로 없어요. 4월부터 서서히 많아지면서 9월쯤에는 아주아주 많이 오죠."

파울리가 잘 걷고 있는지 궁금해졌다. 그리고 내가 그를 만난 건 정말 행운이었구나 하는 생각이 문득 들었다. 그 이후로 지루할 정도로 재미없는 포장도로가 한참 이어지다가 올리브 나무로 가득한 시골길이 나왔고, 높은 언덕을 오르고 나니 드디어 토마르 시내가 보였다. 인구 4만 명의 중소 도시지만 내 눈엔 대도시처럼 거대해 보였다. 저 멀리 언덕을 감싸고 있는 성곽이 보였다.

"저기가 바로 그 유명하다는 그리스도 수도원이구나!"

그리스도 수도원 외관. 원형의 건축물 안에는
샤롤라 예배당이 있다.

그리스도 수도원은 1160년에 세워졌다.
건물의 외관에서 그 세월을 가늠해 볼 수 있다

이미 지칠 대로 지친 나는 수도원까지 걸어갈 힘이 없었다. 마치 살바도르 달리의 축 늘어진 시계처럼 힘겹게 언덕을 올랐다. 세월을 머금은 오래된 성벽을 지나 무거운 종을 받치고 있는 수도원 건물을 보고 나니 그제서야 조금 힘이 생겼다. 군데군데 피어난 노란색 이끼는 수도원의 오랜 세월을 이야기하는 동시에 묘한 신비감을 자아냈다.

미로처럼 이어지는 수도원 내부를 걷다 보면 탄성을 자아내는 샤롤라Charola 예배당에 이르게 된다. 원형의 건물 내부에 8각으로 된 제단이 놓여있는 아주 독특한 구조였다. 예배당 입구의 아치에 장식된 프레스코화는 보는 이의 시선을 압도한다.

뒤편 제단 정면에 십자가에 못 박히신 예수님의 조각이 있고 그 왼편에 슬퍼하는 성모 마리아를 부축하고 있는 사도 요한의 조각이 보인다.

▶ 입구 아치에 그려진 프레스코화와 금으로 장식한
화려한 제단이 인상 깊은 샤롤라 예배당

예수상 위에 두 개의 조각이 더 있는데 왼편은 포르투갈 국장을 들고 있는 천사와 오른 편에는 대천사 미카엘의 조각이 있다.

리에데의 알베르게까지는 18km를 더 걸어가야 한다. 토마르에서 이어지는 순례길은 온통 초록빛으로 채워져 마치 비밀로 가득한 원시림을 걷는 듯한 착각이 들 정도였다. 지난 5일간 걸었던 그 어떤 길 하고도 비교할 수 없을 정도로 아름다웠다. 리에데가 왜 이 길을 걸으라고 했는지 이제서야 이해가 됐다.

예쁜 경치도 잠시, 내 체력은 바닥이 났고, 빌라 베르데까지는 무슨 정신으로 갔는지 기억이 나지 않을 만큼 힘들고 먼 여정이었다. 누군가 나와 같은 코스로 순례길을 걷는다면 5일이 아니라 최소한 7일은 걸릴 거라고 머리속으로 열 번 이상 말했던 것 같다. 더 이상 걸을 수 없다고 생각했을 그때 리에데의 알베르게 〈Heart Way〉 간판이 보였다. 친절하게도 간판에는 '12km'가 남았다고 적혀 있었다. 앞으로 두시간 반. 다시 힘을 내어 또 걸었다. 그리고 길목 어딘 가에서 다시 〈Heart Way〉 간판과 마주쳤다. 이제 3km 남았다.

12km 남았다고 적혀 있는 알베르게 안내판

3km 남았다고 적혀 있는 알베르게 안내판

토마르에서부터 한동안 아름다운 순례길이 이어졌다.

오늘 하루 9시간 이상 걸었고, 해가 지기 직전에 〈하트 웨이〉 알베르게에 도착했다. 리에데는 나를 보자 마자 깜짝 놀랐다. 내가 알베르게로 올거라고는 생각 했었지만 그게 오늘이 될 줄은 꿈에도 생각하지 못했기 때문이다.

"정말 와줬구나. 고마워!"

반갑게 맞아주는 리에데를 보니 나도 힘이 났다.

"그때 그 축제의 현장에서 너를 만난 건 정말 행운이었어. 하마터면 토마르에서 여기까지 오는 이 아름다운 길을 놓칠 뻔했어. 나도 고마워."

리에데는 알베르게를 구경시켜 줬다. 순례자들을 위한 쉼터와 주방이 있는 1층과 6명이 잘 수 있는 도미토리는 2층에 있었다. 베드가 6개밖에 없다는 걸 보고 리에데가 돈을 벌 목적으로 알베르게를 시작한 건 아니라는 걸 알 수 있었다.

"어떤 계기로 시작하게 된거야?"

그녀가 앞으로도 수도 없이 듣게 될 질문을 건넸다.

"작년에 나도 너처럼 포르투갈 순례길을 걸었어. 처음엔 너무 힘들었는데 한 일주일쯤 지났을 때 살면서 한번도 경험해 보지 못했던 희열을 느꼈어. 그리고 하루하루 순례길을 걸으면서 난 점점 더 이 길을 사랑하게 됐지. 그러던 어느 날 갑자기 그런 생각이 떠올랐어. 이 길 어딘가에 알베르게를 만들고 싶다고."

리에데는 직장 생활을 하면서 푼푼이 모은 돈으로 이 집을 구입하고 알베르게로 개조해서 이제 막 문을 열었다. 나 말고도 더 많은 순례자들에게 알려져서 〈하트 웨이〉가 언제나 순례자들로 넘쳐나고 리에데도 더 행복했으면 좋겠다고 생각했다.

"이번에 네 덕분에 이곳을 알게 되었고, 많은 걸 느끼는 계기가 되었어. 다음에는 이 지점부터 산티아고까지 이어서 가 볼 계획이야. 그때 다시 여기로 올게."

리에데가 전 재산을 투자해서 구입한 알베르게

알베르게를 안내하고 있는 리에데

1층에 마련된 순례자를 위한 휴식 공간

2층에 있는 객실 내부

샤워실 창문에서 보이는 포르투갈 시골 마을 풍경

기부금 상자. 〈하트 웨이〉는 정해진 금액 없이 순례자들의 기부금으로 운영된다.

다음 날 리에데와 아쉬운 작별을 하고 나는 파티마로 갔다. 물어보지는 않았지만 그녀가 알베르게 이름을 〈하트 웨이〉라고 지은 이유를 알 것 같았다. 글을 쓰는 이 순간에도 그때 걸었던 길들이 떠오른다. 순례길의 여정은 5일이었지만 그 감동은 내 심장에 그대로 남아있다.

한참이 지나 내가 스페인 마드리드에 있을 때 파울리로부터 메일이 도착했다. 나와 헤어진 뒤 한 달 가까이 더 걸었던 파울리가 순례길의 최종 목적지인 산티아고 데 콤포스텔라에서 찍은 사진을 보내준 것이다. 건강한 모습의 파울리는 늘 그랬듯이 어색한 표정과 경직된 포즈로 사진을 찍었지만 속으로 얼마나 기쁘고 감격스러웠을지 나는 느낄 수 있었다.

소방관 미겔의 도움으로 찾았던 성당 숙소, 숙소에서 먹은 저녁 식사, 길에서 공짜로 얻은 오렌지, 경비행기를 타고 내려다봤던 포르투갈의 정겨운 시골 풍경, 둘이 함께 걷던 길, 하루 종일 걸으며 나눴던 수많은 이야기들. 이 사진 한 장을 보는 순간 파울리와의 추억들이 되살아 났다.

내가 답장을 보냈다.

"Hi my friend! Someday, let's walk the road again. You go, we go.

"친구! 그 언젠가 우리 다시 그 길을 걷자. 네가 가면 나도 갈게."

순례길에서 만난 소중한 인연인 파울리는 종착지인
산티아고 데 콤포스텔라에 도착해서 찍은 사진을 보내줬다.

모로코 여행을 추억하며 웃던 루이사 여사의 행복한 표정은
여행이 주는 특별한 선물이었다.

Fátima
파티마

포르투갈의 평온한 시골 마을 파티마에서 양 떼를 몰던 세 명의 어린 목동들에게 성모 마리아가 나타난 사건이 있었다.

지금으로부터 100년 전의 일이다. 1917년 5월 13일 오후, 루시아Lúcia, 프란시스코Francisco, 자신타Jacinta, 이렇게 세 아이들은 목초지에 양들을 풀어놓고 한가로운 시간을 보내고 있었다. 그때 갑자기 하늘에서 번개가 치더니 하얀 옷을 입은 한 여인이 모습을 드러냈다.

여인은 겁을 먹은 아이들을 안심시키며 인자한 목소리로 말했다.

"너희들 세 명 모두 천국으로 가게 될 것인데, 그 전에 너희들이 해야 할 일은 세상의 구원을 위해 묵주기도를 올려야 하는 것이란다."

하얀 옷을 입은 아름다운 여인은 아이들에게 앞으로 세 가지 중요한 비밀을 말할 것이니 매달 13일에 이 장소로 나오라고 말했다.

아이들은 여인을 향해 '세뇨라'Senhora 귀부인라고 불렀다. 여인이 떠난

후에야 아이들은 그 여인이 성모 마리아라는 사실을 깨달았다고 한다.

성모 마리아의 발현 소식은 삽시간에 마을 밖으로 퍼져 나갔다. 성모 마리아를 영접한 아이들을 만나기 위해 멀리 리스본에서 사람들이 찾아오기도 했다. 이 아이들이 주변의 관심을 끌기 위해 거짓말을 하고 있다고 말하는 사람들도 있었다.

다음 달 6월 13일에도 아이들은 마리아를 만났다. 그녀는 아이들이 자신으로 인해 고난을 받을 수도 있다고 언급하며, 결국에는 많은 사람들이 자신의 존재를 깨닫게 될 것이라고 말했다. 그리고 프란시스코와 자신타가 곧 하늘로 올라갈 것이라며 두 어린 아이의 죽음을 예고했을 때, 루시아는 눈물을 흘리며 마리아에게 애원했다고 한다. 하지만 루시아에게는 특별한 사명이 있으며 그러기 위해 이 세상에 더 오래 머물러야 한다고 말했다고 한다.

마리아가 세번째로 내려왔던 7월 13일에 마리아는 아이들에게 지옥

제일 왼쪽 맏언니 루시아(당시 10살), 중간이 프란시스코(당시 9살), 오른쪽이 자신타 (당시 7살). 프란시스코와 자신타는 남매간이고, 루시아와는 사촌 관계이다.

에 대한 환시를 보여줬다. 세상이 온통 불바다로 변했고, 수많은 사람들이 불속에서 고통받고 있는 처참한 모습이었다. 지옥을 날아다니는 끔찍한 마귀들을 본 아이들은 겁에 질려 몸이 굳어 버렸다. 지옥의 환시는 아이들 앞에 잠시 머물렀다가 사라졌다. 마리아의 첫번째 비밀이었다.

두번째 비밀은 환시가 아닌 음성으로 말했다.

"내 성심에 러시아를 봉헌하라. 러시아가 회개하고 공산주의가 무너지면 그제서야 전 세계에 평화가 올 것이다."

세번째 비밀은 다시 환시로 나타났다. 흰 옷을 입은 주교가 길을 걷고 있었는데, 갑자기 누군가의 충격을 받고 바닥에 쓰러지는 긴박한 상황이 펼쳐졌다. 아이들은 그 주교가 교황일 것이라고 생각했다.

파티마의 성모 마리아에 관한 소식은 전국으로 번져 나갔다. 당시는 세계 1차 대전이 한창이던 격동의 시절이었다. 8월 13일 해당 지방 관료가 아이들을 체포하는 일이 발생한다. 더 큰 혼란을 막기 위한 조치였다. 아이들은 무혐의로 며칠 뒤에 풀려났지만 결국 8월 13일에 마리아를 만나지는 못했다. 그 달은 8월 19일에 마리아를 만났다.

그리고 9월 13일에 다시 나타난 마리아는 10월 13일에는 아이들을 의심하는 모든 사람들에게 기적을 보여줄 거라는 말을 남긴다.

1917년 10월 13일, 셀 수 없이 많은 인파가 파티마로 몰려 들었다. 전국에서 모여든 신자들 외에 지방 관료와 신문 기자 등이 모두 모였다. 대략 7만 명 정도로 추산하고 있다.

당시의 신문 기사 내용에 따르면, 오후 1시경, 갑자기 시커먼 구름이

온 하늘을 뒤덮더니 비가 쏟아졌다고 한다. 이후에 먹구름이 사라졌고, 밝은 태양이 다양한 색으로 변하면서 지그재그 모양으로 하늘을 돌아다녔다.

당시에 모여 있던 모든 사람들이 이 기이한 현상을 목격했다. 그 후 마리아는 세 명의 아이들에게 세계의 평화를 위해 늘 기도하라는 말을 마지막으로 남기고 떠났다.

1917년 10월 13일 수많은 사람들이 성모 마리아를 보기 위해 모여 들었다.

당시 일간지 1면을 장식했던 파티마의 기적에 대한 기사. 신문 오른쪽 상단에 적혀 있는 것처럼 1917년 10월 15일 기사이다. 10월 13일 발현한 이후 2일 뒤이다. "O sol bailou ao meio dia en fátima"는 "태양이 파티마에서 정오에 춤을 췄다"라는 뜻이다.

이 후 성모 마리아의 세 가지 비밀에 대해 세간의 이목이 쏠렸다. 지옥에 관한 환시, 러시아의 봉헌에 대한 비밀이 공개되었지만, 당시 루시아에 의해 문서로 작성된 세번째 비밀은 밀봉된 채로 교황청으로 보내져 오직 교황만이 열람할 수 있는 1급 보안 등급으로 철저히 감춰졌다. 이 일로 인해 훗날 수백 명의 목숨을 위협하는 여객기 납치 사건이 벌어지기도 한다.

1928년 5월 13일에 성모 마리아가 발현했던 장소에 대성당 건설이 시작됐다. 건설이 한창 진행되던 1930년에 교황청에서는 파티마를 성모 발현지로 정식 승인하게 되고, 그와 동시에 파티마 성지는 전 세계에 알려진다.

마리아의 세 번째 비밀은 여전히 봉인된 상태였다. 비오 12세 교황으로부터 그 비밀을 들은 바오로 6세가 충격으로 쓰러졌다는 소문이 돌면서 사람들은 세 번째 비밀에 대해 공개할 것을 교황청에 촉구하는 상황에 이르렀다. 하지만 그 이후에도 비밀은 공개되지 않았다.

1981년 5월 2일, 호주 출신의 전직 수도사였던 로렌스 다우니Laurence James Downey가 113명의 승객을 태우고 더블린에서 런던으로 향하던 에어링구스 여객기를 납치하는 사건이 벌어진다. 런던의 히드로 공항에 거의 도착했을 때, 온몸에 휘발유를 뿌리고 화장실에서 나온 다우니는 곧장 조종실로 달려갔다. 그는 기장에게 항로를 프랑스로 바꾸고 그곳에서 연료를 보급한 뒤 이란의 테헤란으로 가라고 협박했다. 그의 요구 조건은 파티마의 세 번째 비밀을 공개하라는 것이었다.

프랑스 르 투케Le Touquet 공항에서 8시간 동안 경찰과 대치하던 중 프랑스의 특수 부대가 기내 진입에 성공하면서 다우니를 *생포하게 된다.

세상이 놀랄 사건은 며칠 뒤에 벌어졌다. 1981년 5월 13일, 바티칸의 성 베드로 광장에서 신자들과 일반 알현을 하던 중에 한 청년이 갑자기 나타나서 교황을 향해 두 발의 총탄을 발사했다. 복부와 가슴에 총상을 입은 교황은 그 자리에서 쓰러졌다.

성 베드로 광장에서 신자들을 알현하고 있는 요한 바오로 2세

병원으로 이송된 교황은 중태에 빠진 상태로 생사를 오가는 수술을 거듭했다. 총알이 1mm 차이로 교황의 심장을 비켜갔기에 기적적으로 목숨을 건질 수 있었다. 교황은 4일이 지나서야 의식을 회복했다. 교황을 암살하려고 했던 청년은 터키 출신의 23세의 메흐메트였다. 그는 종신형을 선고받았다.

터키 청년에 의해 총상을 입고 쓰러진 모습

건강을 회복한 교황은 사고 당일로부터

 1983년 2월 다우니는 프랑스 법정에서 항공보안법에 의해 징역 5년을 선고받았다.

정확히 1년 뒤인 1982년 5월 13일에 파티마를 방문했다. 그리고 자신을 살린 분이 바로 파티마의 성모 마리아라고 말하며 자신의 가슴에 박혔던 총탄을 파티마에 봉헌하고 감사 기도를 드렸다.

1983년 12월 27일, 요한 바오로 2세는 교도소에 복역 중인 메흐메트를 찾아가서 직접 만난 뒤 "나는 이 청년을 용서하였다. 진심을 다해 그를 위해 기도하자"라고 말했다.

2000년 5월 13일, 요한 바오로 2세는 생애 세 번째로 파티마를 방문했고, 교황청은 수많은 신자들과 언론 앞에서 1917년 성모 마리아의 세 번째 비밀을 *공개했다.

자신에게 총격을 가했던 메흐메트를 만나고 있는 교황

파티마의 성모 발현에 대해서는 가톨릭 내에서도 믿지 않는 성도들이 많다. 또한 성모 발현을 믿는 지도자들 사이에서도 세 번째 비밀에 대해서는

파티마에서 마리아를 영접하고 있는 교황

 당시 세 번째 비밀을 발표했던 인물은 라칭거 추기경이었다. 후에 베네딕토 16세 교황에 즉위하게 된다.

파티마 219

의견이 각각 상이하다. 단순히 교황에 대한 암살이라고 보기에는 상황이 상당히 구체적이며, 온 도시가 파괴된 모습이었다는 루시아의 진술을 토대로 세계 3차 대전을 암시했을 가능성을 제시하기도 했다. *그러나 역대 교황들이 우려했던 대로 터키 청년에 의해 교황 암살 시도가 벌어진 것이다.

호텔 체크인을 마친 뒤 가벼운 복장으로 파티마 광장에 도착했다. 파티마의 코바 다 이리아Cova da Iria 목초 지대. 세 명의 어린 목동이 뛰어 놀던 이 장소가 지금은 세계적인 가톨릭 성지가 되었다. 매년 성모 발현 날짜인 5월 13일에서 10월 13일까지 매 13일마다 수십만 명의 순례자가 성지를 방문한다. 방문객 수만 해도 연간 400만 명이 넘는다.

파티마 광장에서 보는 건 아주 특별한 경험이다. 전 세계에서 온 가톨릭 신자들이 모여 하루에도 수십 번 미사를 드린다.

성모 마리아가 발현한 곳에 지어진 작은 예배당은 〈발현 예배당〉 Capela das Apariçoes이라고 한다. 이곳에 파티마 성모상이 모셔져 있고 로사리오와 미사가 진행되는 곳이다. 광장 끝에서 발현 예배당까지는 대리석으로 만든 길이 있다. 이 좁은 길은 고통의 길이다. 파티마로 오는 순례자들이 묵주 기도를 드리며 무릎을 꿇고 기어간다.

 사회 심리학적인 현상에 의해 '어떤 예측과 기대에 부응하기 위한 행동'을 '자기 실현적 예언'이라고 한다. 터키 청년에 의한 교황의 암살 시도를 자기 실현적 예언이라고 보는 견해도 있다.

정면에 보이는 대성당은 1928년에 건설을 시작해서 1953년에 완공됐다. 65m 높이의 종탑 꼭대기에는 마리아의 왕관이 세워졌다. 무릎 꿇고 고통의 길을 지나는 신자들이 보인다. 대리석 길 끝에 있는 작은 경당이 바로 아이들이 성모 마리아를 만난 곳이다.

발현 예배당에서는 로사리오 기도회 중이었고, 신부님 뒤로 파티마의 마리아 상이 보였다. 발현 예배당 바로 옆에 너도밤나무가 한 그루 있다. 이 나무는 1백 년 전 성모 마리아가 발현한 이후 지금까지 남아있는 유일한 존재이다.

나는 가톨릭 신자도 아니고 성모의 발현에 대한 확신도 없지만, 마리아를 만났던 세 명의 아이들을 떠올려 보니 왠지 마음이 뭉클해졌다. 파티마의 비밀과 예언에 대한 단순한 호기심보다는 성모 마리아를 만난 이후에 아이들이 겪었던 고통과 혼란을 생각하며 기도하는 마음으로 대성당으로 향했다.

대성당 입구 양편으로는 반원형의 회랑이 길게 이어졌고, 벽면에는 예수님의 십자가 고난을 주제로 한 그림들과 동상들이 보였다.

내가 성당 안으로 들어갔을 때 오르간 연주가 들리면서 미사가 막 끝이 났다. 제단의 로마네스크 아치에는 "파티마의 거룩한 마리아여 우리를 위해 기도하소서" 라는 뜻의 라틴어 문장이 적혀 있었다.

나는 천천히 대제단 쪽으로 걸어갔다. 파티마의 성모 마리아가 어린 아이들을 만나는 장면의 제단화가 제일 먼저 눈에 띄었다. 무채색으로 뒤덮인 그림 속 분위기는 어둡고 무겁게 느껴졌다.

석회암으로 지어진 파티마 대성당 내부의 길이는 70.5m, 너비는 37m이다.
제단의 대리석 기둥은 파티마와 에스트레모스Estremoz에서 가져왔다.

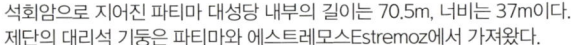

 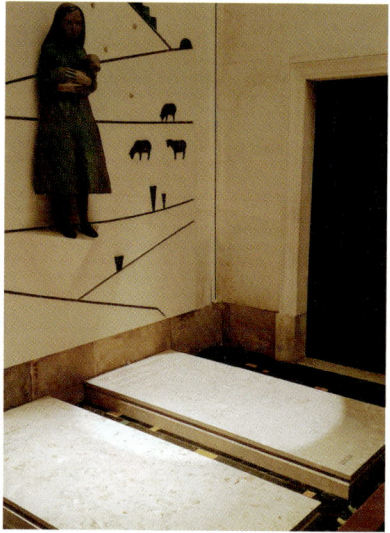

프란시스코 묘 앞에서 무릎을 꿇고 있는 할아버지　루시아와 자신타의 묘

　　대제단 오른편에서 무릎을 꿇고 기도하는 할아버지가 보였다. 할아버지가 들고 있는 낡은 성경책은 프란시스코의 묘를 향하고 있었다. 마리아의 예언대로 프란시스코와 자신타는 마리아를 영접하고 나서 그로부터 2년 뒤인 1919년에 프란시스코가 사망했고, 자신타는 1920년에 사망했다. 둘 다 스페인 독감으로 인한 사망이었다. 이후 맏언니인 루시아는 수녀가 되었고, 2005년 2월 13일 97세의 나이로 타계했다. 프란시스코의 반대편에는 루시아와 자신타의 묘가 안치되어 있다.

　　저녁식사를 마치고 다시 성지로 돌아가는 길에 낮에는 눈에 띄지 않았던 조형물 하나를 발견했다. 원형의 유리관에 콘크리트 재질의 커다란 새하얀 벽이 보관되어 있었다. 궁금해서 왼편에 적힌 패널을 살펴보

파티마 성지에 보관된 베를린 장벽. 무게는 2,600kg, 높이 3.6m, 너비 1.2m. 벽돌과 유리로 된 기념비는 포르투갈의 건축가 호세 카를로스 로우레이루 José Carlos Loureiro의 작품이다.

니 '베를린 장벽'Muro de Berlim이라고 적혀 있다.

 1989년에 무너진 베를린 장벽의 한 일부가 파티마로 보내져 1994년 8월 13일에 이곳에 전시됐다. 이유는 마리아의 두 번째 비밀과 관련이 있다. 마리아는 러시아를 자신에게 봉헌하라는 말을 하면서 러시아가 회개하여 전향하면 온 세상에 평화가 임할 것이라고 언급했다. 교황청에서는 마리아의 첫 번째 비밀은 1차 세계대전의 종식에 관한 예언이고, 두 번째의 예언은 공산주의의 붕괴라고 해석하였기에 공산주의 붕괴에 대한 상징적인 의미로 베를린 장벽을 파티마로 가져온 것이다.

 파티마 성지 발현 예배당에서는 매일 저녁 9시 30분에 로사리오 기도회가 진행된다. 미사가 끝나고 10시 10분경에 시작하는 프로시써웅

Procissão 종교 행렬을 보기 위해 시간에 맞춰서 다시 왔다.

발현 예배당을 중심으로 수천 명의 사람들이 로사리오에 참여하고 있었다. 나도 그들처럼 초를 들고 예배당 가까이 다가갔다. 수많은 무리 속에는 나처럼 관광 목적으로 온 여행자도 있고, 신부와 수녀님 그리고 리스본에서부터 5일 넘게 걸어온 순례자들도 있다. 엄숙한 분위기 속에서 로사리오 기도회가 끝나고 곧바로 종교 행렬이 시작됐다. 신부님이 커다란 십자가를 들고 앞장서자 신자들이 그 뒤를 따랐다. 그 뒤로 다른 신부님들이 파티마의 성모 마리아 상을 들고 행렬에 동참했다. 발현 예배당 사회자석에 선 신부님이 아베마리아를 부르자 광장의 모든 사람들이 노래를 따라 불렀다. "마리아여 이곳에 임하소서" 찬송 소리는 광장에 넓게 퍼졌다. 세상 어디에서도 볼 수 없는 이색적인 풍경이었다.

로사리오가 끝난 뒤에 진행되는 프로시써웅. 추운 겨울 시즌을 제외하고는 매일 밤 10시경에 시작한다.

다음 날 이른 시간에 아침 식사를 마치고 세 목동의 생가를 보기 위해 길을 나섰다. 파티마 성지에는 이미 많은 사람들이 모여 미사를 드리고 있었다.

프랑스의 루르드, 멕시코의 과다루페 등 성모 마리아가 발현한 곳은 생각보다 많다. 그 중에서는 교황청으로부터 인정을 받아 성지가 된 곳도 있지만, 그저 전설로만 전해져 내려오는 비공식 발현 장소도 많다.

성모 발현지를 찾아 눈물과 정성으로 기도하는 수많은 사람들을 바라보면서 이 신비로우면서도 믿어지지 않는 파티마의 기적에 대해 곰곰이 생각해 보았다.

수천 년간 가톨릭 세계는 철학과 신학, 이성과 신앙 사이에서 논쟁과 진통이 반복되는 역사를 겪었다. 그 과정에서 많은 신학자들이 이단으로 몰리기도 했다. 중세의 대학들은 교황의 눈치를 보느라 아리스토텔레스의 학문에 대한 연구가 금지되기도 했다.

12세기, 신의 계시가 이성에 의해 증명이 될 때 완벽한 진리가 된다고 주장하며 이성의 중요성에 대해 강조했던 인물은 의외로 이슬람 학자였던 *아베로에스였다.

 아베로에스 1126~1198

스페인 코르도바 출신의 이슬람 철학자. 아랍어로는 '이븐 루시드'라고 불린다.

이후 스콜라 철학의 토마스 아퀴나스는 "하나님은 우리가 이성을 통해 진리에 도달할 수 있도록 창조하셨다." 라고 말하며 신앙에서 이성을 배제해서는 안된다고 말했다.

물론 아베로에스와 토마스 아퀴나스의 주장 사이에는 간격이 있다. '이성에 의한 진리'와 '계시에 의한 진리'가 서로 충돌할 때가 문제였는데, 이때 토마스 아퀴나스는 계시에 의한 진리가 이성보다 앞서야 한다고 주장한 반면에 아베로에스는 신학과 철학이 충돌하면 신학이 수정을 해야 한다는 입장이었다. 누가 옳다고 말하기는 어렵지만, 두 사람 모두 인간의 이성을 중요하게 생각했다는 점에서는 이견의 여지가 없다.

나도 그렇게 생각한다. 종교에서 이성적인 사고가 배제되는 순간 진리에 이르는 길을 잃어버릴 수 있다고. 파티마의 기적과 성모 마리아의 예언을 떠올리며, 그렇게 해석하기 어려운 내용을 마리아는 왜 아이들을 통해 예언을 했는지, 그리고 아이들에게는 본인의 형상을 보이고 음

해가 뜨기 전부터 파티마 성지에는 순례자들이 모여 있었다.

성도 듣게 했으면서 수만 명의 사람들에게는 왜 기이한 자연 현상만 보이고 직접 모습을 드러내지 않았는지… 이외에도 나는 "왜?"라는 질문을 끊임없이 던지고 있었다.

"마리아는 그 어린 두 아이들을 왜 그렇게 빨리 데려 갔을까. 1919년 스페인 독감으로 수천만 명이 사망했을 때 마리아는 어떤 마음으로 세상을 바라봤을까."

생가로 향한다. 가벼운 복장으로 산책하듯 길을 나섰다. 옆에 수녀님 한 분이 걸어 가신다. 모퉁이 빵집과 그 옆에 성물을 판매하는 기념품숍이 이제 막 문을 열고 있었다. 이른 아침에 선글라스를 쓰고 검은색 캐리어를 들고 어디론가 걸어가는 관광객 위로 제비 세 마리가 사이 좋게 날고 있다. 파티마 성지에서 울리는 종소리가 여기까지 들려왔다. 로터리를 지나는데 세 목동의 조각이 보였다. 양 떼를 끌고 집으로 돌아갔을 아이들의 모습이 그려졌다. 지금은 포장된 도로지만, 그땐 이곳이 전부 흙바닥이었다.

파티마 성지와 알주스트렐Aljustrel을 연결하는 꼬마 기차가 도로를 달린다. 난 100년 전의 루시아와 프란시스코, 자신타처럼 이 길을 천천히 걸었다. 평평한 길이 이어졌다. 산 프란시스코 카페 옆을 지난다. 세 명의 목동 중에 한 명의 이름을 따서 지었다. 길 건너 알렌테자누Alentejano 레스토랑을 지나 목동들의 생가를 알리는 이정표를 보고 우회전했다.

아이들이 살던 마을로 진입했다 야트막한 언덕 위로 희끗한 올리브

야외 테이블을 정리하고 있는 카페 직원의 모습

성지와 생가를 연결하는 꼬마 기차   생가로 가는 길에 보이는 세 목동의 조각

나무들이 보였다. 아무도 살지 않는 낡은 집 벽면에 루시아의 부모님 사진이 걸려 있었다. 길을 잘 찾아오고 있다는 의미로 느껴졌다. 어머니의 눈빛은 성모 마리아를 봤다고 거짓말을 하고 있다는 오해를 받고 있는 딸을 걱정하는 듯해 보였다. 그 옆에 양복을 차려입은 루시아의 아버지가 보인다.

소박한 시골 마을에 들어왔다. 프란시스코와 자신타의 생가에 먼저 도착했다. 벽에 걸린 아이들의 사진을 보니 가슴이 먹먹해진다. 프란시

벽에 걸린 루시아의 부모 사진　　　아이들이 태어나고 자란 마을 초입 풍경

스코와 자신타는 7남매였다. 입구와 가까운 곳에 프란시스코의 방이 그대로 보관되어 있었다. 나무로 된 바닥 위에 낡은 가구와 어린이용 작은 침대가 보였다. 방 입구에 "이 방에서 프란시스코가 1919년에 사망했다."Neste quarto falaceu Francisco em 1919라는 문구가 보였다.

　프란시스코의 집에서 걸어서 1~2분 거리에 루시아의 집이 있었다. 루시아는 6남매 중에 막내였는데, 프란시스코의 집보다 훨씬 더 큰 집이었다. 루시아의 어렸을 때 사진부터 수녀가 된 이후에 찍은 사진, 1982년에 요한 바오로 2세 교황을 만난 사진들이 벽면에 걸려 있었다.

　기념품 가게들과 몇 개의 카페가 모여 있는 작은 마을 알주스트렐은 100년 전 성모 마리아를 만난 세 명의 아이들을 만나볼 수 있는 장소였다.

　세 가지의 비밀과 예언은 마치 재앙, 고통, 죽음과 관련이 있어 보이지만 본질은 조금 다르다. 마리아가 세상에 주려고 했던 강력한 메시지는 결국 두 가지였는데, 바로 '회개'와 '기도'였다. 마리아는 교황의 암살을 예고했지만 교황은 죽지 않고 기적적으로 살아났다. 교황이 의식을 잃고 대수술을 받는 동안 전 세계의 가톨릭 신자들은 눈물을 흘리며 신께 간절히 기도했다.

갈급한 영혼과 눈물의 기도. 그 진실한 감정들이 우리의 미래를 바꿀 수 있는 힘이라는 뜻이다. 그 힘이 미래의 재앙을 희망으로 바꿀 수 있다는 것. 그것이 마리아가 우리에게 말하고자 했던 메시지였을 것이다.

프란시스코가 살았던 방

프란시스코와 자신타 집 헛간

루시아의 집 외관

루시아와 그의 언니 카롤리나가 쓰던 방

Aveiro
아베이루

"몰리세이루에 탑승하신 걸 환영합니다!"

빨간색 유니폼을 입고 창이 넓은 모자를 쓴 선장과 가이드가 열 명 남짓 모인 여행자들을 반겼다. 빨간색과 노란색의 원색으로 장식된 외관과 도드라지게 하늘로 솟은 뱃머리가 인상적인 아베이루의 전통배 몰리세이루에 오른 여행자들은 서로 어색한 눈빛을 주고받으며 가이드의 손짓에 따라 제자리를 찾아갔다.

"모두 포르투갈어를 이해 하시나요?"

가이드 바로 앞에 앉은 커플이 손을 들며 포르투갈어를 못한다고 말했다. 가이드는 혼자 있는 나를 바라보며 턱을 살짝 위로 들어올리더니 멋쩍게 웃으며 영어와 포르투갈어로 설명하겠다고 한다. "한국어를 못한다는 말을 하려고 했던 것 같은데…" 속으로 생각하며 나도 피식 웃었다. 그렇게 30분짜리 몰리세이루 투어가 시작됐다.

"아베이루는 인구 7만 5천 명밖에 안되는 작은 도시이지만, 예부터 도자기 산업과 무역 거래가 활발했던 곳이죠. 하지만 1575년 겨울, 강력한 폭풍이 아베이루를 강타했어요. 끔찍했죠. 폭풍과 함께 날라온 모래가 쌓이면서 바다 옆에 석호가 형성됐고, 석호에서 채취한 수초를 나르기 위해 이 운하를 만들게 된겁니다."

수초는 포르투갈어로 '몰리수'Moliço라고 하는데, 이 수초를 운반하는 사람을 일컬어 '몰리세이루'Moliceiro라 불렀다고 한다. 이후 20세기에 이르러 화학비료가 유통되면서 수초의 수요가 줄어들었고, 한동안 운행되지 않던 배들이 지금은 관광용으로 인기를 끌게 된 것이다.

몰리세이루는 마을의 중심을 가로지르는 운하를 유유히 지난다. 배에서 바라본 아베이루는 마치 어릴 때 읽었던 낡은 동화책을 발견한 듯한 기분이었다. 파스텔톤의 아기자기한 건물들 중간 중간에 곡선이 두드러지는 아르누보 양식과 로마네스크 양식의 건축물들이 눈에 띄었는데, 무언가 정돈된 듯 정돈되지 않은 마을의 모습이 정겹게 느껴졌다.

고흐의 별이 빛나는 밤, 모네의 수련이 아름다운 이유는 그림 안에 화가의 감정이 투영되어 있기 때문이다. 도시가 아름다운 이유는 그 도시에서 살고, 일하고, 사랑하는 사람들의 감정과 추억과 이야기들이 있기 때문이다. 도시는 그곳에 사는 사람을 닮는다는 어느 건축가의 말이 떠올랐다. 햇살을 받아 반짝이는 아베이루의 운하를 지나면서 작은 행복을 느꼈다. 행복이란 내 스스로 부풀릴 수 있는 성질의 것이어서, 나는 저울 위에 올리지 못하는 행복의 질량을 마음 속에서 마음껏 부풀렸다.

내가 사는 도시는 대도시다. 잠시도 쉬지 않고 변해간다. 그게 자랑스러우면서도 한편으로는 아쉬웠고, 그래서 유럽의 소도시들에 더더욱 끌렸던 게 사실인데, 지금 이 순간 내가 사는 도시를 더 사랑하게 된 것 같다. 다시 서울로 돌아간다면 서울을 더 사랑하며 살고 싶다.

> "사랑없이 여행하지 말라. 삶의 여행을 하는 동안 사랑하는 법을 배워야만 한다."
>
> – 엘리자베스 퀴블러 로스 『인생 수업』 중에서

오른편에 몰리세이루 모양으로 만든 아파트가 눈에 띄었고, 작은 공원에 아베이루의 명물 과자 오부스 몰르스Ovos Moles의 조형물이 보였다.

"아베이루는 유명한 게 많아요. 작지만 아름다운 구시가지, 전국적으로 유명한 오부스 몰르스, 국민 가수 제카 아폰수Zeca Afonso, IT로 앞서가는 아베이루대학교 등등 자랑거리가 많답니다. 무엇보다도 포르투갈에서 가장 맛있는 바칼랴우를 맛볼 수 있는 곳이기도 하죠."

제카 아폰수? 처음 들어보는 이름이었다. 휴대폰을 검색해보니 1929년에 아베이루에서 태어나 1900년대 중후반에 활동했던 대중 가수였다. 한쪽 귀에 이어폰을 연결하고 제카 아폰수의 음악 〈사랑은 거짓말을 하지 않는다〉Que amor não me engana를 들어봤다. 청초한 그의 음색에서 절제된 간절함과 그리움의 정서가 느껴졌다. 제카 아폰수의 음악을 들으며 감상하는 아베이루는 정말 아름다운 마을이었다.

몰리세이루의 춤에 감정을 싣고
아베이루의 하늘에 던지는 작은 외침.
광휘光輝의 순간은 반짝거리는 여정의 흔적.
영속하는 내 기억들에게도 손을 흔든다.
사랑의 언어들이여,
허락된 운명들이여,
감정과 감정을 연결하는 테미스 여신이여,
우리는 모두 여행중에 만나 진정한 벗으로 남으리.

 아베이루 여행중에 제카 아폰수의 음악을 들으며
몇자 적어봅니다. 옆에있는 큐알코드를 찍으면
아폰수 음악을 들어보실 수 있습니다.

"대서양 방향으로 10분 정도 차를 타고 가면 '코스타 노바'Costa Nova라는 작은 해변 도시가 있답니다. 시간을 내서 꼭 한번 가봐야 해요. 정말 아름다운 곳이죠."

코스타 노바는 "새로운 해안"이라는 뜻이다. 16세기 폭풍으로 인해 거대한 호수가 형성되고 지형의 변화가 발생하면서, 그 과정에서 새로운 해안이 생겨났다. 형형색색의 줄무늬로 장식한 코스타 노바의 집들은 어업에 종사하는 남편들이 고된 고기잡이를 마치고 돌아올 때 길을 잘 찾을 수 있도록 집을 밝게 칠하면서 시작되었다.

아베이루 근교에 있는 코스타 노바. 아베이루에서 코스타 노바 사이에는 대중 버스가 수시로 운행된다. 분위기 좋은 카페와 신선한 해산물 레스토랑도 많다.

"자, 포르투갈의 베니스라 불리우는 아베이루를 여행한 소감이 어떠셨는지요?"

운하를 한 바퀴 돌아온 뒤 가이드 루이스가 작별인사를 한다. 그래 맞다. 여기는 포르투갈 관광청에서도 포르투갈의 베니스라고 홍보하는 곳이다.

"루이스! 덕분에 아베이루에 대해 많은걸 배웠어요. 고마워요. 음… 그런데 나에게 아베이루는 베니스보다 더 아름다운 곳이었어요."

루이스와 헤어지고 나서 혼자 생각했다.

"아베이루가 세계적인 관광지인 베네치아보다 더 아름답다면 다른 사람들은 인정하지 않겠지. 그런데 말야, 사랑에 빠지는 데는 기준도, 이유도, 시간도 없어. 그냥 나도 모르게 갑자기 좋아지는 거야."

아베이루 구시가지로 향했다. 기념품 가게와 카페, 레스토랑으로 둘러싸여진 〈7월 14일 광장〉Praça 14 de Julho은 작은 어촌 마을 아베이루에서 가장 번화한 장소다.

한 상점 입구에 닭이 그려진 자석 기념품이 보인다. 포르투갈을 여행하다 보면 닭 모양의 다양한 기념품을 쉽게 발견할 수 있는데, 그 이유는 포르투갈을 상징하는 동물이 바로 닭이기 때문이다.

포르투갈에는 닭과 관련된 유명한 전설이 하나 있다. 먼 옛날 17세기에 일어났던 일이다. 포르투갈의 북부 도시 바르셀루스Barcelos의 영주가 값비싼 물건을 도난당했는데, 범인으로 지목된 사람은 마침 그 도시를 지나던 순례자였다. 산티아고 데 콤포스텔라로 향하던 한 남자는 결국 재판을 받게 되었고, 판사는 그에게 참수형을 선고했다.

억울하게 옥살이를 하게 된 순례자는 좁은 감방에서 무릎을 꿇고 밤낮으로 하나님께 살려 달라고 기도를 드렸다. 그리고 사형 집행 날이 다가왔고, 전례에 의해 사형수는 판사 앞에서 마지막 유언을 남길 기회가 있었다.

"판사님! 지난번에 영주님의 물건을 훔친 범인의 사형을 집행하는 날입니다."

교도관이 문 밖에서 판사에게 말했다.

"아. 하필 지금... 이제 막 점심 식사를 하려고 했는데... 빨리 들어와서 짧게 말하도록 하라!"

교도관과 함께 들어온 순례자는 판사 앞에 섰다.

"판사님! 저는 정말 죄가 없습니다. 제가 무죄라는 것을 하나님이 아십니다. 정말로 저를 교수형에 처하신다면, 지금 판사님이 드시려고 하는 그 닭고기가 살아나서 큰소리로 울 겁니다."

순례자는 본인이 지금 어떤 말을 하고 있는지도 몰랐다.

"이런 실성한 사람을 봤나. 이보게 교도관! 어서 사형을 집행하게!"

그렇게 순례자는 사형 집행장으로 향했고 온몸이 묶인 채로 사형을 집행하려는 그때, 문 밖에서 다급한 소리가 들려왔다.

"멈춰라!"

사형장으로 다급히 다가온 사람은 판사였다. 순례자가 나가고 얼마 지나지 않아 닭을 먹으려고 하던 순간, 닭이 기적같이 살아나 큰소리로 울었던 것이다.

결국 순례자는 풀려났다. 이 거짓말 같은 전설은 포르투갈의 북부 작은 도시에서 출발해 입과 입으로 전해져 포르투갈 전역에 퍼지게 되었고, 그 후로 포르투갈 사람들에게 수탉은 '행운'과 '믿음'을 상징하게 되었다.

광장의 한 카페 안으로 들어가서 에스프레소를 주문하고 난 뒤, 테이블에 놓여있던 신문을 들고 나와 야외 테이블에 앉았다. 날은 적당히 따뜻했고, 가끔씩 시원한 바람이 불어 주었다. 옆집 레코드점에서 흘러나오는 구슬픈 파두는 관광객들로 붐비는 작은 광장으로 잔잔히 흘렀다.

혼자서 분주히 여러 테이블을 서빙하던 종업원이 내 바로 옆 테이블

상점에 진열되어 있는 닭 모양의 기념품들

에 오부스 몰르스를 담은 작은 접시를 내려놨을 때, 나는 그녀를 불러 오렌지 주스 한 잔을 주문했다. 옆 테이블에 앉은 백인 커플은 오부스 몰루스를 한 입 베어 먹더니 약간 실망스럽다는 표정으로 대화를 나눴다. 대화 소리가 잘 들리지는 않았지만 독일어나 네덜란드어인 것 같았다.

오부스 몰르스는 계란 노른자와 설탕을 주 재료로 만들고 겉에 하얀색의 얇은 쌀과자로 덮은 간식의 종류인데, 아베이루의 명물이기는 하지만 살짝 비릿한 맛 때문에 호불호가 있는 편이다. 그래도 아베이루에 왔다면 꼭 한 번은 먹어봐야 한다.

"부드러운 계란"이라는 뜻의 오부스 몰르스는 아베이루에 있던 예수회 소속의 수도사들이 만들어 판매하던 간식이었는데, 전국의 수도원들이 대거 강제 폐쇄되기 시작했던 20세기 초 포르투갈 제 1공화국 시절에 아베이루의 수도원도 문을 닫게 되면서 제조기술이 민간인에게 전수된 것이다. 당시 아베이루는 워낙 작은 어촌 마을이었기에, 아베이루의 여성들은 기차역으로 나와서 오부스 몰르스를 판매하기 시작했고, 리스본과 포르투 사이를 오가던 승객들 사이에서 인기를 끌게 되면서 유명해졌다고 한다.

종업원에게 계산서를 달라고 요청했다. 커피 한 잔과 오렌지 주스의 가격이 1.95유로가 나왔다. 우리나라 돈으로 2,600원이다. 포르투갈의 물가는 여행자를 행복하게 만든다. 아베이루 같은 시골 도시는 더더욱 그렇다.

"이름이 뭐예요?"

아베이루의 중심지 7월 14일 광장

오부스 몰르스를 구입하고 있는 관광객. 키오스크 상단에 적힌 글자 Ovos는 "계란", Moles는 "부드러운"이라는 뜻이다. 오부스 몰르스는 아베이루의 제과점이나 카페 등에서 쉽게 구매할 수 있다.

아베이루의 전통 과자
오부스 몰르스

내가 물었다.

"디아나Diana예요."

그녀는 수줍은 듯 웃으며 답했다.

"디아나! 이 신문 제가 가져가도 돼요?"

생각지도 못한 요청에 디아나는 허무한 웃음을 지으며 가져가도 된다고 허락했다.

5년째 아베이루에 살고 있는 디아나는 아버지가 아주 오래 전 아프리카에서 포르투갈로 이민을 와서 자신은 이민 2세라고 했다. 그녀는 오늘 숙소는 어디인지, 몰리세이루는 어땠는지, 오늘 저녁은 어디서 먹을 예정인지, 소소한 질문을 던졌다. 정겹고 따뜻한 어촌에서 나눌 수 있는 평범한 대화였다.

나는 오늘 처음 듣게 된 제카 아폰수의 노래가 너무 좋았다고 말했다. 신문을 들고 고맙다고 인사하며 팁으로 2유로를 줬더니 그녀가 환하게 웃었다. 작은 돈으로 둘 다 행복했다.

여행 안내서에는 아르누보 박물관 등 아베이루의 여러 관광지를 추천했지만, 나는 그곳을 모두 포기하고 인적이 드문 좁은 길을 따라 마을 안으로 깊숙이 들어갔다. 어촌의 일상이 고스란히 베인 골목길을 홀로 거닐며 소박한 풍경들을 감상했다.

낡은 대문 앞에서 수다를 떨고 있는 아주머니들, 수줍은 표정으로 지나가는 학생들, 어슬렁 거리는 고양이, 간판도 없는 작은 슈퍼. 아베이루의 일상은 그렇게 가슴에 새겨졌다.

한국에서 온 여행자에게 잠시동안 벗이 되어 준
디아나의 밝은 모습

카페에서 받은 신문. 디아리우Diário는
"신문"이라는 뜻이다. 주로 일간지를 뜻한다.

관광지를 살짝만 벗어나면 어촌 마을 아베이루의 정겨운 일상과 마주할 수 있다.

Coimbra
코임브라

아베이루에서 코임브라까지 기차 여행을 떠난다. 코임브라까지 가는 급행은 30분이면 도착하고 완행은 한 시간 이상 소요된다. 기차역에서 정신없이 표를 구매하느라 급행인지 아닌지 물어보지도 못하고 급하게 사서 기차에 올랐는데 알고 보니 완행이었다. 운이 좋았다. 이름도 생소한 시골 도시들을 구경하며 천천히 지나가는 완행열차를 타고 코임브라로 향했다.

한가한 낮 시간에 기차 안은 조용했다. 출발하고 5분 만에 킨타스Quintas역에 도착했다. 차장이 열차 칸으로 들어와 표 검사를 시작한다. 덩치가 크고 등이 살짝 굽은 포근한 인상의 차장이 나에게도 다가와 표를 받더니 구멍을 하나 뚫어준다.

열차 티켓에는 시간이 없다. 아무 시간이나 오르고 내리면 된다. 또 다시 이름 모를 시골 역에 도착했다. 오이아Oia역이다. 잠시 멈췄던 오이아 역에서는 아무도 내리지 않고 아무도 타지 않았다. 다시 시골 풍경이 이어졌다. 푸르른 자연을 바라보며 포르투갈 국기의 바탕색인 초록색이 포르투갈과 참 잘 어울린다는 생각을 했다. 차곡차곡 쌓은 돌로 만들어진 담벽이 보이면서 작은 농촌 마을이 눈에 들어왔다. 쓰임을 잃어버린 낡은 농기구들 뒤로 사이프러스 나무들이 보였다. 그때 부드러운 포르투갈어로 다음 역을 알리는 안내 방송이 나왔다. 왼편엔 새로 지은 5층짜리 건물들이 보이고, 오른편에는 수백 년도 넘어 보이는 낡은 가옥들이 모여 있었다. 낡은 농가들 사이로 주인 없는 오렌지 나무가 띄엄띄엄 보였다. 날씨는 흐렸다 맑았다를 반복했다. 그래서 사진 찍는 걸 포기하고 카메라를 가방에 넣었다. 갑자기 따뜻한 커피가 마시고 싶어졌다. 코임브라 역에 도착해서 맛있는 커피를 마실 생각을 하니 기분이 좋아졌다. 얼마 전부터 커피를 하루에 최대 세 잔만 마셔야겠다고 다짐했는데, 그때부터 커피가 더 좋아졌다. 지금은 세상에서 제일 흔한 것 중에 하나가 되었지만, 커피가 유럽에서 인기를 얻기 시작했던 17세기 초에는 평민들은 쉽게 먹어볼 수 없는 고가의 사치품이었다.

"천 번의 키스보다 한 잔의 커피가 더 달콤하다"

바흐의 '커피 칸타타'에 나오는 대사를 기억하며 세계 어느 곳을 여행

아베이루 역 플랫폼에서 출발을 기다리는 기차

하더라도 쉽게 마실 수 있는 커피의 존재에 대해 새삼 기쁨을 느꼈다. 이미 내 머리 속에서는 하얀 수증기를 뿜어내며 커피를 만드는 에스프레소 기계가 열심히 일을 하고 있었다.

　모고포레스Mogofores역에서 꽤 많은 사람들이 내린다. 코임브라 가기 전에 있는 가장 큰 마을인 것 같았다. 기차역 옆에 꽤 큰 공장이 보였다. 곧이어 도착한 쿠리아Curia는 한 폭의 수채화처럼 낭만적인 시골 마을이었다. 이번에는 플라타너스 나무들이 보였고 그 사이로 오래된 작은 승용차가 천천히 달리고 있었다. 쿠리아는 온천으로 유명한 마을이다. 쿠리르Curir라는 단어는 "치료하다"라는 뜻인데 "배려", "관심"이라는 뜻의 라틴어 쿠라Cura에서 파생된 단어이다. 배려와 관심 그리고 치료라는 의미가 'Cura'라는 한 단어에서 나온 것이다. 맞다. 배려와 관심은 우리의 마음을 치료한다.

코임브라　249

포르투갈 시골에서 흔히 볼 수 있는 코르크나무 숲.
포르투갈은 전세계 코르크의 49.6%를 생산한다.

코임브라로 가는 기차 안 풍경

이런 저런 생각을 하다가 어느새 코임브라에 도착했다. 왠지 아쉬웠다. 하지만 기억에 남을 만큼 행복한 기차 여행이었다. 역시 유럽에서 타는 기차는 진리다.

"킨타 다스 라그리마스 호텔로 가주세요"

기차역 주변에도 괜찮은 호텔들이 있지만 오늘은 아주 특별한 호텔로 간다. 택시는 몬데구Mondego 강을 건넌다. 포르투갈 영토 내에서 흐르는 강 중에서 가장 긴 강이다. 강을 건너면서 뒤쪽 코임브라 구시가지를 바라본다. 높은 언덕을 가득 메운 건물들이 코임브라의 오래된 역사를 그대로 보여주고 있었다. 가장 높은 정상에는 포르투갈의 최초 대학인 코임브라대학이 있다.

유럽 여행을 할 때면 보통 4성급 호텔에 투숙한다. 좀 더 자세히 말하면, 3성급 호텔의 가격 수준에 맞는 4성급 호텔을 열심히 찾아다니는 편이다. 그런데 중간 중간에 두 눈을 딱 감고 호사를 누릴 때가 가끔 있다. 그런 호텔들은 보통의 5성급 호텔 중에서도 꽤 비싼 편이지만, 그럴 만한 충분한 가치가 있다고 느껴지면 호텔 비용은 소비가 아닌 투자라고 느껴지게 마련이다.

포르투갈에서 가 봤던 호텔 중에 가장 기억에 남는 곳은 비다구 팔래스Vidago Palace 호텔이었다. 보통 귀족이 사용하던 저택을 호텔로 개조하는 경우는 꽤 있지만 왕이 사용하던 건물을 호텔로 변경하는 경우는 많

❶ 비다구 팔래스 호텔 외관. 아름다운 정원과 골프장이 마련되어 있다. 특히 스파 시설이 유명한데, 스파와 야외 수영장 재건축 공사는 포르투갈 출신의 세계적인 건축가 알바로 시자가 맡아 2006년에 오픈했다.
❷ 호텔 로비 모습. 카페와 레스토랑도 매우 인상적이다.
❸ 객실 내부 인테리어. 각각의 객실이 모두 다른 디자인으로 되어 있다.
❹ 체크인부터 자전거 무료 대여, 골프 예약 등 늘 친절하게 도와줬던 리셉션 직원

지 않다. 1910년에 오픈한 비다구 팔래스 호텔은 당시 포르투갈의 왕이었던 카를로스 1세가 자신의 별궁으로 사용하기 위해 건축을 진행하다가 결국 완공되기 전에 사망하게 되었고, 그 후로 2년 뒤에 호텔로 사용하기 시작했다.

비다구 팔래스 호텔, 포르투의 이트만Yeatman 호텔, 피냐웅Pinhão의 빈티지 하우스 호텔, 파라도르 카사 드 인수아Parador casa de ínsua 그리고 오늘 숙박하게 될 킨타 다스 라그리마스Quinta das Lagrimas 호텔은 내가 포르투갈에서 뽑은 최고의 호텔이다.

킨타 다스 라그리마스 호텔 역시 포르투갈의 왕이 사용하던 별궁이었다. 시대는 13세기 보르고냐 왕조 시대로 거슬러 올라간다. 12헥타르에 이르는 거대한 부지에 왕을 위한 별장과 사냥터가 있던 곳이다.

1810년 나폴레옹 군의 침략에 맞서 큰 활약을 펼쳤던 영국군의 총 사령관 웰링턴 공작이 이 별장에서 지내며 로맨틱한 자연 경관에 감탄했다는 이야기가 지금도 전해진다. 하지만 1879년에 발생한 화재로 인해 당시 건물들은 모두 소실되었고, 후에 지금의 모습으로 재건축되었다.

로비에서 체크인을 하고 나니 리셉션 직원이 호텔 지도를 건네 주며 자부심 가득한 표정으로 호텔을 소개해 줬다. 하루 종일 호텔 내에서 놀아도 충분할 정도로 볼거리, 즐길 거리가 많은 곳이었다. 고풍스러우면서도 세련된 건축과 우아한 산책길 등 매력적인 요소들이 많지만 사실 이 호텔이 유명한 이유는 중세 시대부터 이어져 내려오는 두 개의 전설때문이다.

그 중 하나는 디니스 1세재위 1279~1325와 산타 이사벨 왕비에 관한 이야기이다. 이사벨 왕비 이름에 '산타'Santa라는 호칭이 붙는 이유는 그녀가 성인이기 때문인데, 보통 가톨릭에서는 순교를 당하거나 기적을 행할 경우, 혹은 뛰어난 덕행이 입증될 때 성인의 칭호를 받게 된다.

아라곤 왕국의 공주였던 이사벨은 어릴 때부터 신앙심이 두텁고 배려가 깊었다. 어려운 사람들을 보면 어떻게든 도움을 주려고 했다. 심지어는 자신이 아끼는 보석을 팔아서 식량을 마련하기도 했다. 그녀의 지나친 덕행은 종종 디니스 1세와 마찰을 빚었다.

1293년 포르투갈은 극심한 기근으로 어려운 시기를 보내고 있었는데, 어느 날 가난한 사람들에게 빵을 나눠 주기 위해 빵이 든 바구니를 치마폭에 숨기고 궁 밖으로 나가다가 왕을 만나게 된다. 치마 속에 무엇이 있냐는 남편의 질문에 이사벨 왕비는 장미라고 거짓말을 했는데, 당시가 추운 1월이었던터라 디니스는 그녀를 의심했고 그 장미를 보여 달라고 요구했다. 한참을 망설이던 왕비가 자포자기하듯 바구니를 꺼냈는데 그 안에 빵이 아닌 장미가 들어있던 것이다. 훗날 '장미의 기적'이라고 불리게 된다.

또 한 가지 전설의 비밀은 호텔 정원에 있다. 호텔 건물 우측으로 난 산책로를 통해 걷다 보면 꿈속에서나 나올 법한 비밀스러운 정원과 만나게 된다. 그곳에 '눈물의 샘'Fonte das lagrimas이라고 적힌 작은 샘이 있는데, 1355년 추운 어느 겨울날 무참히 살해된 한 여인에 관한 이야기이다.

에스트레모스에 있는 이사벨 왕비의 조각. 두 손에 장미를 들고 있는 모습이다. 에스트레모스에서 사망한 뒤 그녀의 시신을 코임브라로 옮겨왔고, 현재는 코임브라의 산타 클라라 수도원에 묻혀 있다. 헝가리에도 이와 비슷한 전설이 있는데 매우 흥미로운 점은 포르투갈의 이사벨과 헝가리의 엘리사벳 둘 다 13세기에 일어난 전설인데, 이름도 같고 왕비라는 신분도 같고 기적의 방식도 똑같다는 점이다.

첫 번째 전설에 등장했던 디니스 1세와 이사벨의 아들인 아폰소 4세는 자신의 대를 이을 페드루 왕세자와 카스티야 왕국의 콘스탄사 공주를 결혼시켰다. 1340년 8월 리스본 대성당에서 성대한 결혼식이 열렸는데 스무 살 페드루의 눈에 들어온 건 콘스탄사가 아닌 그녀의 시녀 이네스 Inês de Castro였다.

콘스탄사와 무난한 결혼 생활을 이어가긴 했지만 페드루 왕자가 이네스와 깊은 사랑에 빠졌다는 소문은 궁 전체에 퍼졌다. 이네스는 비록 시녀의 신분이었지만 그녀 역시 귀족 가문의 귀한 딸이었다. 당시에 왕비의 시녀들은 말동무나 취미 생활을 함께 하는 등 친구로서의 역할이 더 컸다.

1345년 왕자를 출산한 지 몇 주 만에 콘스탄사가 사망하자 페드루 왕자는 코임브라로 거처를 옮기고 이네스와 함께 살기 시작했다. 두 사람이 행복한 나날을 보낼수록 페드루 왕자와 그의 아버지 아폰수 4세와의 관계는 악화되었다. 이네스가 포르투갈의 왕비가 될 경우에 그녀의 형제들로 인해 포르투갈 왕실의 안위가 위협을 받을 수도 있기 때문이었다.

1354년에 페드루 왕자는 이네스와 정식 혼인을 하게 되었고, 이를 인정할 수 없었던 아폰수 4세는 페드루가 사냥을 떠난 사이에 이네스를 몰래 불러내 참수해버리는 끔찍한 사건이 벌어졌다.

1357년에 아폰수 4세가 사망하고 페드루가 페드루 1세로 등극하자마자 사랑하는 이네스의 목을 베었던 신하를 붙잡아 처형했고, 이네스의 시신을 발굴하여 왕비에 임명하는 절차를 단행했다. 죽음을 초월한 페드루의 슬픈 이야기는 훗날 카몽이스의 서사시 〈우스 루지아다스〉에도 등장한다.

페드루 1세는 알코바사 수도원에 자신과 이네스의 무덤을 만들라고 명한 뒤 그녀의 시신을 알코바사로 이장했다. 지금까지도 두 사람은 수도원 안에 함께 묻혀 있다.

그녀가 목이 잘려 죽은 자리에서 샘이 생겨났는데 이 샘이 '이네스의 눈물'로 만들어졌다고 전해진다. 샘이 흐르는 곳 바닥의 붉은 빛은 650년 전에 흘린 이네스의 피 때문이라고 한다. 카몽이스의 서사시에는, "그녀의 눈물은 샘이 되었고, 그 이름은 사랑이다"라는 표현이 나온다.

알코바사 수도원에 있는 페드루 1세와 이네스의 묘.
죽음도 두 사람의 사랑을 막을 수 없었다.

이네스의 눈물로 만들어졌다는 눈물의 샘Fonte das lagrimas 앞에서
기념 사진을 찍고 있는 포르투갈 아이

1326년에 세워진 건물. 이곳에 두 개의 샘이 흘렀고 페드루와 이네스의 사랑을
기억하며 '두 사랑의 샘Fonte dos amores'이라는 이름을 붙였다.

포르투갈이 스페인으로부터 독립한 1139년부터 1260년까지 코임브라는 포르투갈의 수도였다. 1260년에 리스본으로 수도를 옮기게 되었고, 1290년에 디니스 1세는 포르투갈 최초의 대학을 리스본에 설립하게 된다. 이후 1537년에 주앙 3세는 대학을 코임브라로 이전할 것을 명하게 되고, 옛 왕궁이 있었던 장소에 대학이 세워지면서 이름을 코임브라 대학으로 변경했다.

포르투갈에는 이런 말이 있다.

"코임브라에서 수학하고, 포르투에서 돈을 벌고, 리스본에서 즐기는 삶이 포르투갈인으로서 최고의 삶이다."

포르투갈의 대항해를 기록한 서사 시인 루이스 카몽이스, 리스본 대지진 당시 리스본의 재건을 주도했던 마르케스 데 퐁발이 코임브라 대학 출신이다. 노벨 의학상을 받은 에가스 모니스1874~1955, 포르투갈의 악명 높은 독재자 살라자르1889~1970도 코임브라대학을 졸업했다.

캠퍼스는 구대학Velha Universidade과 신대학Nova Universidade으로 나뉜다. 코임브라대학교에서 꼭 방문해야 하는 조아니나 도서관Biblioteca Joanina이 있는 구대학 광장으로 가기 전 입구에서 입장권을 먼저 구매해야 한다.

 유럽에서 제일 오래된 대학인 이탈리아의 볼로냐 대학교는 1088년, 영국의 옥스퍼드 대학교는 1096년, 스페인의 살라망카 대학교는 1218년에 설립되었다 조아나 도서관이 소수의 인원으로 20분 단위로만 입장이 가능하기 때문이다. 매표소에서 조아나 도서관으로 입장할 수 있는 가장 빠른 시간으로 예약을 한 뒤에, 왕궁과 성 미겔 예배당 등을 천천히 구경하면 된다.

구대학에 있는 건물들은 사실 대학이 설립되기 이전 왕궁으로 사용되던 공간들이었다. 포르투갈의 초대 왕인 아폰수 1세부터 이 자리를 *왕궁터로 사용하였다.

광장 입구에서 바로 오른편에 있는 건물이 바로 왕궁이다. 규모가 크지는 않지만 독특한 천장 장식과 포르투갈 역대 왕들의 초상화를 구경할 수 있다. 매년 10월 학위수여식이 열리는 곳이기도 하다. 왕궁 왼편에 있는 성 미겔 예배당 또한 코임브라 대학이 설립되기 이전부터 존재했던 왕실 예배당이었다. 1290년에 세워졌고, 1597년에 대학 부속 예배당이 되었다. 후기 고딕과 바로크 양식이 혼합된 예배당 내부는 정교한 아줄레주 벽면과 화려한 천장화가 인상적이다.

왕궁과 성 미겔 예배당 사이에는 33.5m 높이의 시계탑이 하나 보이는데, 수업이 끝나는 시간을 알리는 커다란 종이 시계탑 상단에 놓여있다. 기존에 있던 종탑을 허물고 1733년에 다시 세워진 탑은 '카브

 사실 이 터에 왕궁을 세웠던 건 북 아프리카에서 이베리아 반도로 침범해 온 무어인들이었다. 그들은 코임브라를 탈환하고 난 뒤 10세기 후반에 지금 이 곳에 왕궁을 짓고 성벽을 세우고 그 안에 왕궁을 지었다. 현재 성벽은 남아있지 않다.

성 미겔 예배당 내부 모습

포르투갈 역대 왕들의 초상화가 걸려 있는 왕궁 내부

'카브라'(염소)라는 별명을 가지고 있는 시계탑

라'Cabra염소라는 별명을 가지고 있다. 수업 종료를 알리는 종소리와 함께 모든 학생들이 우르르 몰려나오는 모습이 염소떼와 흡사해서 붙여진 별명이라고 한다.

광장 중앙에 있는 주앙 3세의 조각상으로 다가갔다. 리스본에 있던 대학교를 코임브라로 옮길 것을 명했던 왕이다. 가까이 다가가 조각을 자세히 들여다봤는데, 어디서 많이 본 듯한 모습이었다.

"맞다! 헨리 8세의 초상화!"

한참을 바라보다가 한스 홀바인이 그렸던 헨리 8세의 초상화와 상당히 흡사한 모습으로 조각을 했다는 느낌을 강하게 받았다. 흥미로운 점은 코임브라대학이 1537년에 이전했고, 헨리 8세의 초상화가 그려진 시기도 정확히 1537년이었다. 이 조각이 만들어진 건 1948년이었는데, 당시 포르투갈 최고의 조각가였던 *프란시스코 프랑코Fracisco Franco가 이 작품을 만들 때 한스 홀바인의 헨리 8세 초상화의 영향을 받았을 것으로 추정된다.

예정된 시간에 맞춰 조아나 도서관 입구로 갔다. 세상에서 가장 아름다운 도서관 중의 하나로 유명한 곳이다. 코임브라대학에서는 총 3명

포르투갈 마데이라 섬에서 태어난 프란시스코 프랑쿠(1885~1955)는 마데이라 섬에 있는 주앙 곤살베스 자르쿠의 기념비(1927년) 이후로 코임브라대학교의 디니스 1세 동상(1943년), 주앙 3세 동상(1948년) 리스본 예수상(1959년)을 만든 포르투갈의 대표 조각가이다.

코임브라 구대학 광장

주앙 3세의 조각상

한스 홀바인이 그린 헨리 8세의 초상화
(영국 리버풀 워커 미술관 소장)

의 왕을 만나볼 수 있는데, 대학의 설립자인 디니스 1세, 대학을 코임브라로 이전한 주앙 3세, 그리고 조아나나 도서관을 건립한 주앙 5세이다.

조아나나 도서관은 주앙 5세의 통치기간인 18세기 초에 지어졌다. 규율을 어긴 학생들이 일정 시간 갇혀 있었던 학생 감옥이 있는 지하 2층과 책을 보관하고 보수하는 지하 1층을 통과하고 나면 드디어 도서관 내부에 들어가게 된다.

지하 2층에서부터 우리를 안내했던 직원이 조아나나 도서관의 문을 활짝 열자 관광객들은 마치 빨려 들어가듯이 도서관 내부로 입장했다. 나는 그들 뒤에 서서 창문 너머에서 도서관으로 들어오는 빛을 바라보며 천천히 걸어 들어갔다. 벽면을 가득 메운 견고한 책장과 수만 권의 장서들 그리고 화려하고 정교한 천장화를 보는 순간 감탄이 절로 나왔다. 도서관 안쪽으로 다가가자 순백의 대리석으로 만든 아치와 아치 주변의 찬란한 황금 장식이 눈에 들어왔고, 아치 안쪽의 벽면에는 주앙 5세의 초상화가 걸려 있다. 도서관이 완공되고 나서 처음으로 방문했을 주앙 5세의 모습이 그려졌다.

"그가 얼마나 흡족했을까."

여기 있는 고서들은 포르투갈의 왕실에서 직접 관리하던 보물들이다. 유럽의 오래된 수도원과 대학 도서관을 방문하는 일은 그 자체만으로도 가슴 벅찬 일이다. 아우구스티누스의 『계시론』, 안셀무스의 『프로슬로기온』, 이븐 시나의 『치유의 서』, 토마스 아퀴나스의 『신학대전』이 어딘가에 있겠지… 하며 신기한 눈으로 책들을 바라봤다.

조아니나 도서관 내부

시간을 재고 있는 직원에게 다가가 책장 나무의 재질이 뭐냐고 물었더니 자카란다 나무라고 친절히 알려줬다. 백향목이라고 생각했던 내 예상이 틀렸다.

조아나 도서관에는 사람들이 잘 모르는 비밀 한 가지가 있는데, 도서관 안에는 수십 마리의 박쥐들이 서식하고 있다. 끔찍한 모습이 상상되기도 하지만 실제로 이 박쥐들은 일부러 도서관에서 공을 들여 키우는 동물이다.

관광객이 모두 돌아가고 나서 깊은 밤이 되면, 낮 동안 벽장 틈에 숨어있던 박쥐들이 나와 책벌레를 잡아먹는다. 18세기 초 도서관을 지을 당시에도 이미 수백 년이 넘는 고서 관리에 애를 먹었는데, 화학 물질을 사용하지 않고 고서를 효율적으로 관리하는 최상의 방법이 바로 박쥐를 이용하는 것이라는 답을 찾았던 것이다. 3백 년이 지난 지금까지도 같은 방식으로 책을 보전하고 있다.

도서관 직원들의 아침 일과가 도서관 내의 선반과 책상 위를 덮은 덮개에 묻은 박쥐의 배설물을 치우는 일이라고 하는데, 직원들에게 좋은 건지 나쁜건지 잘 모르겠지만 박쥐가 큰 역할을 하는 것만은 분명한 사실인 것 같다.

Porto
포르투

마제스틱Majestic 카페가 있는 산타 카타리나 거리 근처의 호텔에 짐을 풀고 포르투 구시가지로 향했다. 제일 먼저 도착한 곳은 성 벤투São Bento 기차역이었다. 세계에서 가장 아름다운 기차역 중 한 곳이라는 명성을 갖고 있는 성벤투 역이 건설된 시기는 1900년대 초반이다. 당대 최대의 타일 화가였던 조르주 콜라수Jorge Colaço가 무려 2만 개의 타일로 내부를 장식하여 기차역 인테리어를 완성했다.

 성 벤투 역 안으로 들어가자 실내를 장식한 수만 개의 타일 조각이 세상 어디에서도 볼 수 없는 가슴 벅찬 장면을 연출하고 있었다. 온통 파란색으로 가득한 매혹의 아줄레주는 오직 포르투갈에서만 느낄 수 있는 감동이다. 기차역 내부는 기차를 이용하는 승객보다도 기차역을 구경하기 위해 모여든 관광객들로 인산인해를 이뤘다.

 정면에 위치한 로마네스크 양식의 둥근 아치 양쪽에는, 포도를 수확

관광객들로 가득한 성 벤투 역 내부 풍경. 가운데 커다란 아치에 열차 시간표가 있다.

하는 여인들과 마차에 건초를 싣고 있는 농부 등 포르투갈 평민들의 일상을 그려 넣었다. 천장에는 '도우로'Douro와 '미뉴'Minho라는 글자가 보였다. 포르투갈 북부를 지나는 가장 큰 두 개의 강 이름이다.

양 측면에 그려진 그림들에 눈길이 간다. 좌측 하단에 있는 그림은 포르투갈의 건국과 관련이 있는 '에가스 모니스'Egas Moniz를 주제로 한 그림이다.

에가스 모니스1080~1146는 포르투갈의 초대 군주였던 아폰수 1세의 스승이었다. 당시 백작령에 불과했던 포르투갈이 레온 왕국으로부터 독립을 얻어내기 위해 여러 번의 충돌을 겪어야 했는데, 마메드São mamede 전투 후에 레온 왕국이 대대적인 전투를 준비하던 상황이었다 그때 에가스 모니스가 레온의 왕을 찾아가서 자신이 왕을 설득하여 레온 왕국에 충성을 맹세하도록 하겠다고 약속을 하고 돌아온다. 그렇게 포르투갈을 위기에서 구했지만, 레온 왕국에 대한 포르투갈의 충성 맹세는 지켜지지 않았고, 에가스 모니스가 시간을 벌기 위해 거짓말을 했다고 판단한 레온의 알폰소 7세는 당시 포르투갈의 수도였던 기마랑이스를 향해 전면전을 선포하는 긴박한 상황에 이르게 된다. 그때 에가스 모니스가 자신의 가족을 모두 데리고 알폰소 7세를 찾아가서, 감히 레온의 왕을 속인 자신과 자신의 가족을 모두 죽여 달라며 용서를 빌었다. 포르투갈에 대한 에가스 모니스의 충심에 감동을 받은 알폰소 7세는 에가스 모니스와 가족을 모두 살려주고 포르투갈의 독립을 인정해주게 된다. 이후로 에가스 모니스는 포르투갈 건국의 일등 공신으로 인정받는다.

가족과 함께 레온 왕 앞에서 용서를 빌고 있는 에가스 모니스

우측 패널에는 엔히크 왕자를 중심으로 *세우타Ceuta를 정복하고 있는 모습이 담겨 있다. 1415년 포르투갈 군대는 당시 북아프리카의 군사적 요충지이자 지중해의 관문이었던 세우타를 이슬람으로부터 빼앗았다.

세우타 침공은 이슬람 세력을 축소시키고 기독교를 아프리카에 전파하기 위한 발판으로 삼기 위한 결정이었다. 군함 200척과 군사 2만 명이 동원됐고, 그 중심에 엔히크 왕자가 있었다. 1415년 8월 22일, 10시간 넘게 이어졌던 치열한 전투에서 엔히크 왕자는 부상을 입기도 했지만 결국 세우타를 정복하는 데 성공했다.

이 장면이 중요한 이유는 세우타가 포르투갈 역사상 최초의 해외 영토였기 때문이다. 세우타 정복은 포르투갈 대항해 시대의 초석이었다.

세우타 Ceuta

포르투갈령이었던 세우타는 포르투갈이 1580년에 스페인의 지배를 받게 되면서 스페인령으로 귀속되었고, 1640년 포르투갈이 스페인으로부터 독립하는 과정에서 세우타는 리스본 조약에 의해 스페인 영토가 되었다. 현재 스페인 정부는 모로코로부터 세우타 반환을 요구받고 있는 상황이다.

당시 북아프리카 최대 무역항이었던 세우타를 정복하고 있는 엔히크 왕자의 모습

포르투갈에서는 세라믹 타일 장식을 아줄레주Azulejo라고 부른다. 주석 유약을 바른 상태로 불에 구우면 흰색 바탕의 타일이 만들어지고, 그 후에 파란색 안료를 이용하여 그림을 구운 뒤, 다시 그 위에 투명 유약을 덧칠한 뒤에 굽는 방식이다. 보통 포르투갈의 아줄레주라고 하면 하얀 바탕에 푸른 색으로 그린 그림을 떠올리게 되는데, 사실 북아프리카로부터 아줄레주가 유입되던 당시에는 다양한 색이 혼합된 양식이었다.

중국의 도자기 기술이 실크로드를 통해 중동의 이슬람권으로 전달되고, 이슬람 세력권이었던 모로코를 지나 이베리아 반도로 들어오게 된다. 이후 자기 기술이 지중해의 섬 *마요르카를 통해 이탈리아와 네덜란

사디안 왕조의 무덤 (모로코 마라케시)

캘루스 궁전의 정원 (포르투갈 캘루스)

스페인 광장(스페인 세비야)

드로 전파된다. 네덜란드의 델프트에서 자기 기술이 꽃피워지고 결국 영국에까지 퍼지게 된 것이다.

델프트에서는 여러가지 색이 아닌 푸른색만을 사용하여 자기를 발전시켰고, 델프트 자기가 17세기경부터 유럽에서 크게 인기를 끌게 되면서 포르투갈의 아줄레주에 영향을 주게 된 것이다. 결국 이베리아 반도에서 시작된 유럽의 타일 산업이 대륙을 한 바퀴 돌아서 다시 포르투갈로 돌아온 셈이다.

성 벤투 역에 걸작을 남긴 조르주 콜라수는 외교관이었던 아버지가 모로코에서 근무할 때 모로코 탕헤르에서 태어났다. 그 후 스페인의 마드리드에서 수학했고, 자신의 모국인 포르투갈에서 주로 활동했다. 조

 마요르카에서 이탈리아의 시칠리아 섬 칼타지로네Caltagirone로 전파되었고, 그 이후로 이탈리아에서는 '마졸리카 자기'로 불리게 되었다.

네덜란드 델프트의 자기 상점에서 찍은 사진. 이 푸른색 컬러를 델프트 블루라고 부른다. 인구 10만 명의 델프트는 도자기 산업과 델프트 공과대학교 그리고 화가 베르메르가 태어난 곳으로 유명한 곳이다.

르주 콜라수가 아줄레주와 깊은 관련이 있는 나라에서 살게 된 것이 그가 세계적인 타일 화가로 성장하게 된 결정적인 계기가 된 것이다.

기차역에서 자유의 광장Praça Liberdade을 지나 〈렐루 서점〉에 도착했다. 세계에서 가장 유명한 서점 중의 한 곳이다. 1904년 렐루 형제에 의해 시작된 이 작은 서점이 세계적인 관심과 사랑을 얻게 된 이유는 한 권의 소설책 덕분이다. 영국의 작가 조앤 롤링이 쓴 소설 해리포터에 등장하는 호그와트 마법학교의 모티브가 된 곳이 바로 렐루 서점이기 때문이다.

스물 네 살에 우연히 포르투갈에서 영어 강사로 일할 기회를 얻었던 조앤 롤링이 자주 방문했던 서점이 바로 렐루 서점이었다. 그런데 재미있는 점은, 소설이 출간되고 영화가 개봉된 이후에도 조앤 롤링은 자신 스스로 렐루 서점을 언급한 적이 단 한번도 없었다는 사실이다.

렐루 서점 입구는 언제나 복잡하다. 2015년부터 3유로씩 입장료를 받기 시작했고, 최근엔 5유로로 인상했는데도 여전히 관광객들의 발길이 끊이지 않는다. 서점 안에서 책을 구입하면 책값에서 5유로를 할인해주는 시스템이지만, 왠지 야박하다는 느낌을 지울 수가 없는 게 사실이다.

서점에 입장하자 마자 나도 역시 다른 관광객들처럼 멍하니 서점 내부를 바라보며 그 매혹적인 분위기에 압도되고 말았다. 내부는 온통 나무로 장식되어 있고, 여백 없이 가득 찬 도서들을 비추는 벽면의 조명과 2층 스테인글라스를 통해 들어오는 자연의 빛이 어우러져 신비로운 분위기를 자아냈다. 2층으로 오르는 중앙 계단의 독특한 나선형 장식들을 감상하며 왜 렐루 서점이 세계에서 가장 아름다운 서점 중의 하나로 꼽히는지 실감할 수 있었다.

서점 안은 발 디딜 틈도 없이 관광객들로 가득했다. 조심스럽게 2층으로 올라갔다. 1층에는 주제 사라마구나 페르난도 페소아 등 포르투갈 대표 작가들의

정면에 보이는 2층짜리 작은 서점에서 연간 수십억의 입장료 수익을 창출한다.

책과 신간 서적 위주로 진열되어 있는 반면에, 2층에는 오래된 고서들이 눈에 띄었다. 빛이 스며 들어오는 천장의 스테인글라스를 자세히 바라보니 대장장이가 열심히 일을 하고 있는 그림 옆에 "노동은 고귀하다"라는 뜻의 라틴어 문장 "Decus in labore"가 적혀 있었다.

서점에서 강변 쪽으로 10분 정도 걸어가면 성 프란시스코 성당이 나온다. 천천히 걸어 내려가던 길에 허기를 느낀 나는 좁은 골목길의 한 작은 식당으로 들어가 포르투의 전통 음식인 프란세지냐Francesinha를 주문했다.

렐루 서점 내부 모습

식빵 안에 고기와 햄, 소시지 등을 넣고 치즈로 감싼 뒤 토마토, 맥주, 칠리를 이용해 만든 소스와 함께 제공되는 프란세지냐는 포르투 북부 지역에서 다니엘 실바Daniel David Silva에 의해 개발되었다고 전해진다. 프랑스로 이민을 떠났던 다니엘이 몇 년 후 다시 포르투갈로 돌아오게 되었는데, 그때 프랑스 샌드위치 크로그 무슈Croque monsieur에서 영감을 받아 포르투 북부에 있는 작은 레스토랑에서 비슷한 샌드위치를 만들기 시작했다고 한다.

"젊은 프랑스 여인"이라는 뜻의 프란세지냐라는 이름은 다니엘이 직접 붙인 이름인데, 포르투갈 여성들도 프랑스 여성들만큼 뜨겁기를 바라는 마음으로 붙인 이름이다. 그런데 결과적으로는 포르투의 여성들은 프란세지냐를 그다지 좋아하지 않았다. 프란세지냐라는 이름의 유래도 맘에 들어하지 않았지만, 무엇보다도 높은 칼로리 때문에 먹기를 꺼려 했다고 한다. 반대로 값이 싸고 영양이 풍부하다는 이유로 남성들 사이에서 큰 인기를 끌게 되면서 유명해진 것이다.

포르투의 전통 음식 프란세지냐.
관광지가 아닌 곳에서는 5유로
정도에 먹을 수 있다.

포르투 구시가지를 지나는 22번 트램 뒤로 카르무 성당이 보인다.

포르투갈의 3대 명문 대학 중에 하나인 포르투 대학교

포르투 대성당, 카르무 성당 등 포르투에는 가볼 만한 성당들이 꽤 많은 편인데, 그 중에서 한 곳만 갈 수 있다면 성 프란시스코 성당을 추천하고 싶다.

14세기 후반에 건설된 성 프란시스코 성당은 탈랴 도우라다Talha dourada의 진수를 경험할 수 있는 곳이다. 탈랴 도우라다는 나무로 조각하고 그 표면을 황금필름으로 덮어씌우는 예술 분야 중의 하나이다. 포르투갈의 바로크 시대와 맞물려 17세기 이후 교회와 수도원 예배당의 제단을 장식하는데 사용되었다. 조각가가 나무로 조각을 하고 나면 금박 전문가가 나무 위에 금을 입히는 작업이 동반됐다. 화가로부터 비싼 회화를 주문하여 장식하는 것보다 비용이 저렴하다는 장점도 있었지만, 무엇보다도 성당으로 입장하는 신자들을 압도하는 분위기를 연출하기에 매우 적합하기도 했다.

프란시스코 성당 내부. 화려한 장식을 위해 무려 100kg에 달하는 금박이 투입되었다. 17-18세기 포르투갈 전역에 있는 교회와 수도원에 어마어마한 양의 금과 자본이 투입되는 동안 이웃나라 영국은 서서히 산업혁명의 바람을 일으키고 있었다. 여러 식민지를 통해 유입된 풍부한 자원을 포르투갈의 산업에 투자했더라면 어땠을까 하는 아쉬움이 남는다.

포르투갈의 교회 지도자들은 신자들이 일상에서 느끼지 못하는 거룩함과 평안함, 그리고 교회의 권위를 바로 세우기 위해 탈랴 도우라다를 선호했다. 게다가 17세기는 포르투갈의 식민지였던 브라질에서 대량의 금이 유입되던 시기였기에 가능한 일이기도 했다.

측면에 있는 조각들을 찬찬히 바라보다가 익숙한 조각을 하나 발견했다. 커다란 나무 줄기에 수십 개의 인물 조각들이 배치되어 있는데, 이런 방식의 조각이나 회화를 자세히 들여다 보면 나무 뿌리 부분에 한 남성이 누워있는 것을 찾을 수 있다. 바로 다윗의 아버지인 이새이다.

이사야서 11장 1절에 보면 '이새의 줄기에서 한 싹이 나며 그 뿌리에서 한 가지가 나서 결실할 것이요' 라는 구절이 나온다. 바로 예수님의 탄생을 예고한 부분이다. 이 조각을 '이새의 나무'라고 부르는데, 다윗의 자손인 예수님의 가계도를 만들어 놓은 것이다.

이새의 나무. 뿌리 부분에 이새가 누워 있고,
나무의 가장 윗 부분에 예수님의 조각이 있다.

반대편에도 인상적인 조각이 하나 있었다. 여러 명의 수도사들이 중앙에 있고, 양쪽에는 무기를 든 이슬람 군사가 보인다. 조각을 자세히 들여다보면 좌측의 남자가 수도사의 잘린 머리를 들고 있고, 그 밑에 목이 잘린 수도사가 쓰러져 있다. 우측에 있는 남자는 방금 수도사의 목을 향해 칼을 휘둘렀고, 목이 꺾여 죽어가는 수도사의 모습을 적나라하게 연출하고 있다.

이 장면은 13세기 초에 포르투갈에서 모로코로 선교를 떠났다가 이슬람인들에게 죽임을 당한 프란시스코회 수도사들의 순교를 표현한 조각이다. 포르투갈의 수호성인인 파도바의 안토니오 성인이 당시 이들의 순교 소식을 접하고 큰 충격을 받기도 했다고 전해진다. 이들의 순교는 안토니오 성인에게 큰 영향을 미쳤고, 프란시스코 수도회 입회를 결심하게 된다.

잔인하게 순교 당하는 수도사들의 조각이 인상적이다.

성 프란시스코 성당에서 강변 쪽으로 걸어가서 히베이라Ribeira 지구에 도착했다. 잔잔히 흐르는 도우로 강과 낡은 오크통을 실은 작은 수송선들, 반대편 가이아Vila nova de gaia 지구로 연결되는 동 루이스 다리, 강변과 마주한 형형색색의 전통 가옥들 아래 노천 카페와 제각기 다양한 메뉴를 판매하는 레스토랑, 그 거리를 가득 메운 긍정적인 공기, 웃음소리, 익살스러운 포즈, 적당한 햇살, 이 공간의 장면들이 가슴에 새겨졌다. 여기가 포르투에서 가장 아름다운 곳임을 알 수 있었다.

편도 3유로를 지불하고 강 건너편으로 가는 보트 택시를 탔다. 포르투 구시가지에서 히베이라 지구까지 도보로 내려와서 수상 택시를 타고 강 건너로 이동한 다음, 다시 케이블카를 타고 동 루이스 다리 전망대에 올라서 포르투 전체가 눈에 들어오는 사진을 한 컷 찍고, 걸어서 다리를 건너면 처음 여행을 시작했던 성 벤투 기차역이 나온다. 내가 생각해도 너무 완벽한 코스를 짰다고 스스로 뿌듯해하며 케이블카에 올랐다.

케이블카에서 바라보는 포르투의 경치도 무척이나 아름다웠다. 오른편에는 미로처럼 얽힌 좁은 골목길 사이사이로 세계적인 포트와인 브랜드의 와이너리들이 눈에 띄었다.

포르투Porto는 포르투갈어로 "항구"라는 뜻이다. 영어로는 포트 와인Port wine이라고 부르지만, 현지에서는 '비뉴 포르투'Vinho Porto라고 한다. 포트 와인이 탄생한 곳이 바로 이곳 포르투였고, 샴페인, 카바, 코냑처럼 도시 이름인 포르투가 그대로 사용된 것이다.

사실 포트와인은 영국 자본에 의해 만들어졌다. 영국의 기후가 포도

가이드 지구에 있는 〈테일러Taylor's 와이너리〉 투어 중인 한 관광객. 오디오 가이드를 들으며 와인 저장고를 지나고 있다. 오디오는 한국어 지원도 가능하다.

재배와 와인 생산에 적합한 환경이 아니었기에, 해외로 눈길을 돌려 적당한 장소를 물색하던 중에 포르투갈 북부 도우로 강을 중심으로 포도밭을 개척하게 된 것이다. 17세기부터 본격적으로 포르투에서 생산된 와인들이 영국 본토로 운송되는 과정에서, 포르투갈의 강한 햇빛을 받아 와인의 맛이 변질되는 것을 막기 위해 알코올 도수가 높은 브랜디를 첨가한 것이 계기가 되어 도수가 높은 포트와인이 탄생되었다.

케이블카 왼편에는 포르투의 구시가지와 히베이라 지구가 보인다. 포르투가 지금의 모습을 갖추게 된 시기는 19세기 초부터였다. 나폴레옹은 영국에 대한 대륙 봉쇄령을 따르지 않았던 포르투갈을 침공했고, 1807년 11월 30일 프랑스군이 리스본에 입성했다. 포르투갈은 영국의 도움으로 가까스로 프랑스군을 무찔렀지만, 1809년 프랑스는 포르투갈 재침공을 단행했고, 1809년 3월 29일에 포르투가 결국 점령당하고 만다. 그 후 1809년 4월, 웰링턴이 이끄는 영국군이 다시 한번 포르투갈 편에서 싸워서 포르투를 재탈환한다.

히베이라 지구 풍경. 포트 와인을 실은 배 두 척이 보인다.

프랑스군이 철수하고 난 뒤 포르투는 새로운 도시로 거듭난다. 도우로 강변을 따라 수백 킬로에 걸쳐 질 좋은 포도가 생산됐고, 포트 와인이 가득 담긴 오크통이 배에 차곡차곡 쌓여 포르투를 통해 영국으로 운반됐다. 포르투의 와인 산업은 영국과 전 유럽을 대상으로 호황을 누렸다. 포르투갈의 제 2도시 포르투에는 새로운 가옥과 건물이 낡은 집을 대체하기 시작했고, 1839년에 볼량Bolhão시장, 1842년에 볼사Bolsa 궁전, 1886년에 동 루이스 다리가 건설됐다.

높이 85m의 동 루이스 다리에 오르자 가슴 시리도록 아름다운 포르투 시내가 한 눈에 들어왔다. 오래된 도시에 대한 현대인들의 정서, 숨겨져 있던 회귀본능과 감성들이 마음 속에서 일렁이는 것을 느꼈다.

2층 구조로 되어 있는 동 루이스 다리. 다리 1층은 히베이라 지구로, 2층은 성 벤투 역이 있는 구시가지로 연결된다. 프랑스 건축가 에펠의 제자 테오필 세이리그Théophile Seyrig가 설계했다. 참고로 이 다리에서 우측으로 두번째에 위치한 마리아 피아Maria Pia 다리도 이와 비슷한 외관을 가지고 있는데, 동 루이스 다리가 건설되기 약 10년 전에 에펠에 의해 건설되었다.

포르투의 낡고 좁은 길은 서로서로를 의지한다. 버림받은 사랑, 희망 섞인 배려, 견고한 유대와 오래된 감정은 포르투의 얽히고 설킨 골목을 지나 강으로 흐른다. 그리고 강은 마을과 이별한다.

포르투의 모든 길이 추억으로 연결된 것처럼,

인사도 없이 떠나간 연인처럼,

모래 위에 쓰고 지워지는 글자처럼,

감정은 흐르고 또다시 돌아온다.

낯선 나라에서 온 여행자는 물끄러미 포르투를 바라보다가 느리게 걷고, 천천히 귀 기울이고, 고개를 돌려 다시 또다시 바라본다.

그래. 감정은 강과 같다. 헤어지고 잊혀지고 그리고 다시 찾아온다.

낯선 여행자에게 한편의 시 같은 감동을 선사하는 포르투.

그대는 너무 아름답다.

동 루이스 다리를 건너면서 찍은 사진

열일곱 살에 처음 집을 지은 이후, 나의 작업은 모험의 연속이었고, 난관에 부딪혔으며, 실패를 맛보았고, 더러는 성공에 이르렀다. 이제 내 나이는 일흔일곱이다. 나의 이름이 세상에 알려졌고, 나의 연구와 생각이 공감을 얻기도 했다. 하지만 장애물이 훼방꾼처럼 상존한다. 어떻게 했냐고? 나는 언제나 적극적이었고 쉽게 물러나지 않았다. 그리고 버텨냈다. 나의 연구는 언제나 인간의 가슴에 있는 시정詩情으로 향했다. 시각적 인간인 나는 눈과 손을 써서 작업했으며 조형적으로 표현하려고 애썼다. 일관성, 정합성, 통일성, 이들이 핵심 중의 핵심이다. 건축과 도시는 서로 다르지 않으며 하나의 작업, 하나의 문제이다.

― 르코르뷔지에의 「사유」 중에서

얼마 전에 르코르뷔지에의 일기를 담아 출간한 책을 읽다가 난 온몸에 전율을 느꼈다. 르코르뷔지에가 누구인가. 현재 활동하는 건축가 중에 그의 영향을 받지 않은 인물이 없다고 해도 과언이 아닐 만큼 현대 건축에 지대한 영향을 미친 인물이다. 이미 얻을 만큼 충분한 명성을 얻었던 그가 쓴 일기에서, 늘 장애물과 싸웠고, 버텨냈다는 고백, 건축에 대한 자신의 철학을 놓지 않았다는 신념… 이 글은 그가 사망하기 얼마 전에 쓴 일기였는데, 평생 자신의 신념을 믿고 본인이 옳다고 생각하는 이상을 향해 달려갔던 건축가였다. 지금 이 동 루이스 다리를 건너면서 많은 생각을 하게 된다. 그의 글은 힘이 있다. 그 힘은 그의 인생에서, 그의 절실한 의지와 열정이 깃든 고민에서부터 나온다. 마치 메마른 땅에서 새 생명이 움트는 것처럼 그의 진정 어린 일기는 내 내면의 토양에 생명력을 불어넣는다.

다리를 거의 다 건넜을 즈음 조앤 롤링을 다시 떠올렸다. 인생에 있어서 잦은 실패를 경험했던 그녀는 아마도 이 다리를 건너며 자신을 위로하고, 르코르뷔지에처럼 버텨냈고, 다시 꿈을 꿨을 것이다. 지금 내가 걷는 이 다리 위에서. 지금의 나처럼.

실패는 삶에서 불필요한 것들을 제거해 준다. 나는 내게 가장 중요한 작업을 마치는 데에 온 힘을 쏟아 부었다. 그런 견고한 바탕 위에서 나는 인생을 재건하기 시작했다. 스스로를 기만하는 일을 그만두고 정말 중요한 일을 시작하라.

– 조앤 롤링

히베이라 지구에서 바라보는 포르투 야경

Belmonte
벨몬트

인구가 7천 명 밖에 안되는 작은 마을 벨몬트에는 13세기에 세워진 유서깊은 수도원 호텔이 하나 있다. 벨몬트 수도원 호텔의 객실에는 실제로 그 방을 사용했던 수도사들의 이름을 적어 놓았다.

   더욱 흥미로운 점은 이름만 적어 놓은 게 아니라 각각의 수도사들이 어떤 일을 맡아 했었는지도 그림으로 표현해 놓은 것이다. 내가 사용했던 객실은 루이스 수사가 사용했던 방인데, 성당의 도면을 그리고 있는 것으로 봐서 그가 건축가였음을 짐작할 수 있다. 다른 방에는 악기를 들고 있는 음악가 옥타비오 Octávio, 이발사였던 말라쿨라스 Malaqulas를 비롯해 목수, 요리사, 농부 등 다양한 노동을 하는 수사들의 그림을 엿볼 수 있었다.

   잠시 기독교 역사를 통해 보는 수도원 이야기를 꺼내 보고자 한다.

복도 입구에 수사들의 이름이 적혀 있다.

설계도면을 그리고 있는
루이스 수사

지휘봉을 들고 있는
옥타비오 수사

가위를 들고 이발을 하고 있는
말라쿨라스 수사

예수님의 제자들과 사도 바울 그리고 그들의 수많은 동역자들에 의해 전파된 기독교는 로마로부터 엄청난 박해를 받았다. 313년 로마 황제 콘스탄티누스가 정식 종교로 인정하기까지 300년간 모진 핍박을 이겨 냈다. 공공의 적인 로마 박해 시절에는 서로 똘똘 뭉치기 마련이지만, 세상 밖으로 모습을 드러낸 기독교인들은 내부 갈등으로 인해 몸살을 앓았다. 세상의 이권과 결탁된 종교는 부와 권력을 맛보기 시작했고 여기저기서 자성의 목소리가 들려왔다. 이때 등장한 대안이 바로 수도원이었다.

터키의 카파도키아에 가 보면 거대한 바위 틈에 빼곡히 자리잡은 동굴을 볼 수 있는데 4세기부터 은수자들이 모여들어 세상과 등진 채 수도 생활을 했던 곳이다.

처음에는 수도사들이 각각의 영역을 지키며 은수 생활을 했지만 수십 년의 세월이 지나면서 '수도 공동체'의 필요성이 대두됐고, "공동체 생활을 하되 세속 사회와는 단절"이라는 새로운 개념이 자리잡게 된다. 이것이 현재 우리가 알고 있는 수도원의 출발선이다. 카파도키아의 3대 교부였던 대 바실리우스329~379는 수도 생활과 동시에 가난한 이웃에 대한 봉사와 헌신을 강조했고, 이는 그리스도인이 사회를 위해 어떻게 살아야 하는가에 대한 물음에 명확한 해답을 제시하고 있었다.

우리가 흔히 알고 있는 수도회 중에는 프란치스코회, 도미니코회, 예수회, 베네딕토회 등이 있는데, 모든 수도회의 공통 가치는 정결, 청빈, 순명 이 세 가지에 있다.

"오라 엣 라보라!" Ora et labora!

"기도하고 일하라!"라는 뜻의 라틴어이다. 성 베네딕투스480~547가 창설한 베네딕토 수도회에서 시작된 슬로건이다. 수도사라고 해서 기도만 하며 지내는 것은 건강한 삶이 아니며 육체적인 노동과 생산적인 활동을 통해 경제적인 자립을 이루는 것도 매우 중요하다고 가르쳤다. 수도사들은 포도주나 맥주 그리고 아몬드를 주원료로 하는 마지팬이나 계란 노른자로 만드는 에그타르트 등을 만들어 판매하기 시작했다.

하나님으로부터 받은 달란트, 즉 자신의 재능을 이웃을 위해 사용하는 것이 매우 중요한 덕목이었던 것이다.

벨몬트는 유대인들이 자신들의 존재를 숨기고 비밀스럽게 신앙을 유

수사들의 방은 호텔 객실로 탈바꿈했고, 소 예배당은 라운지로, 내부 중정은 카페테리아, 앞마당은 야외 수영장으로 개조해서 지금의 수도원 호텔이 완성되었다.

지하며 수백 년간 살았던 장소로도 유명하다. 15세기부터 50명 정도의 유대인이 벨몬트에 살았다고 전해진다. 지금도 벨몬트에 작은 시나고그와 유대인 커뮤니티가 존재한다.

유럽 곳곳을 다니면서 많은 유대인 박물관을 가 봤지만, 벨몬트에 있는 유대인 박물관은 그 어느 곳 보다도 볼거리가 풍부했다. 특히 유대인들이 나라를 잃고 전 세계로 뿔뿔이 흩어진 디아스포라를 시대별로 정리해 놓은 전시관이 인상적이었다.

135년 로마 제국을 상대로 유대인의 2차 반란이 있었고, 당시 로마 황제였던 하드리아누스 76~138는 반란 진압 후 유대인들을 그들의 땅에서 모두 쫓아버렸다. 전체 유대인 중 80% 이상이 바빌론지금의 이라크 지역으로 갔다가 훗날 폴란드를 중심으로 한 동유럽으로 이주한 뒤 독일과 러시아 등으로 영역을 넓혀갔다.

나머지 20% 미만의 유대인들은 이집트의 항구 도시 알렉산드리아로 가서 정착하다가 북아프리카 연안을 따라 서쪽으로 이동했고, 나중에는 당시 이슬람 세력 하에 있었던 스페인 남부 도시 코르도바에까지 이르러 정착하게 된다.

벨몬트 유대인 박물관에서는 이러한 디아스포라 경로를 보기 쉽게 전시하고 있다. 바빌론 지역으로 갔다가 훗날 동유럽으로 유입된 유대인들을 가리켜 아슈케나짐 Ashkenazim, 알렉산드리아를 거쳐 북아프리카, 스페인에 정착한 유대인들을 세파르딤 Sephardim 이라고 부른다.

호텔로 돌아와 호텔 로비에 앉아 시간을 보내며 유대인의 역사에 대

벨몬트 시내를 걷고 있는 유대인

벨몬트 시내에 있는 시나고그

벨몬트 시내에 있는 유대인 박물관 입구

유대인 박물관 내부

해 다시 떠올렸다. 세상에 이런 민족이 또 있을까 싶다. 136년부터 1948년까지 약 1800년을 나라 없이 살았다. 전 세계에 흩어져 살면서도 그들만의 신앙과 문화를 지켜냈다는 것은 감히 상상할 수도 없는 그들의 산 역사다. 우리가 유럽을 여행하면서 '유대인 지구'에 속하는 구역을 가 봐도 유대인 건축 양식이나 유대인의 풍습 등을 직접적으로 목격할 수 있는 장소는 없다. 그 이유는 유대인들은 어디에 살더라도 그들 스스로를 철저히 숨기며 살았기 때문이다. 벨몬트에 유대인이 살았다는 사실도

1917년이 되어서야 밝혀졌다.

수천 년간 온갖 박해와 핍박을 받아왔지만 결국 그들은 세계 경제를 좌지우지할 정도의 엄청난 파워를 갖게 되었다. 미국의 금융과 IT산업을 비롯해 전 분야에서 유대인의 영향력은 가늠할 수 없을 정도로 거대하다. 전 세계 노벨상의 26%를 차지한 유대인의 힘은 과연 어디에서 나오는 것일까.

"안녕하세요! 우리 낮에 수영장에서 만났었죠?"

편안한 소파에 앉아 커피를 마시고 있는데 한 할머니가 인사를 건네왔다. 단발 머리에 나이가 60세 정도 되어 보였고, 프랑스에서 왔을 것 같다고 속으로 생각하고 있었다.

"제 이름은 마한나예요. 유대인이죠. 혼자 여행 중이예요."

"와. 정말 반갑습니다. 사실 오늘 낮에 유대인 박물관에 다녀왔어요. 아주 흥미로운 곳이었어요."

마한나는 얼굴에 미소를 띄우며 말을 이어갔다.

"유대인에 대해 관심을 가져줘서 고맙네요. 나는 사실 성지순례 중이랍니다. 세파르딤의 이동 경로를 따라 여행을 하고 있어요. 이번 여행은 모로코에서 시작했죠."

성지순례라니. 현대의 유대인들이 디아스포라 경로를 따라 여행을 한다는 사실을 처음 알게 됐다. 상당히 흥미로운 루트였다.

"너무 흥미롭네요. 혼자서 다니시는 모습도 너무 멋진 것 같아요."

그녀는 내년에 네덜란드에서 두 번째 성지순례를 할 계획이라고 한다. 해외에 20년 가까이 살면서 봐왔던 유대인들은 어딘가 상처가 깊은 사람들처럼 보였다. 보통은 다른 관광객들과 잘 섞이지 못하고, 먼저 다가와서 자신을 유대인이라고 소개한 적도 거의 없었다. 하지만 마한나는 달랐다. 나에게 먼저 인사를 건넸고, 솔직한 그녀의 이야기를 들려줬다. 어쩌면 나는 유대인에 대해서 아무것도 모르고 있었는지도 모른다. 마한나를 보며 유대인에 대해서 다시 생각하게 되었다.

선조들이 온갖 멸시와 핍박을 받으며 걸었던 길을 유대인 후손들이 잊지 않고 다시 찾아와 자신들의 역사를 공부하고, 선조들의 아픔을 위로하고 있다. 세상 곳곳에 흩어져 있지만 유대인이라는 이름 하나로 기적을 이루어 낸 민족이다. 그들의 힘이 어디에서 나오는지는 알 수 없지

다음날 호텔에서 조식을 먹을 때 마한나를 다시 만났다. 다른 관광객들과 다정하게 이야기를 나누고 있었다.

만, 유대인 한 사람 한 사람의 분명한 역사의식이 그들의 오늘을 만들었다고 믿는다.

스페인 역사에 있어 1492년은 많은 일이 있었다. 첫 번째는 그라나다를 공격하여 이베리아 반도에서 이슬람 세력을 몰아낸 일 1월 2일이고, 두 번째는 콜럼버스의 신대륙 발견 10월 12일이었다.

그리고 또 한 가지, 알암브라 칙령 발표 3월 31일가 있었다. 간단히 말해 '유대인 추방령'이었다. 독실한 기독교인이었던 이사벨 여왕은 그 해 7

조인된 알암브라 칙령 복사본. 이슬람과의 전쟁이 끝난 지 채 3개월도 안 된 시점에서 유대인들을 추방하고 그들의 재산을 몰수한 사실은 스페인 역사의 오점으로 남아있다.

월 31일까지 모든 유대인들이 스페인을 떠날 것을 명했다. 단 기독교로 개종한 유대인들은 그들의 사유재산과 스페인 거주를 모두 인정해줬다. 대부분의 유대인들이 스페인을 떠났다. 급히 떠난 유대인들의 재산은 몰수되어 스페인 왕실의 금고가 차고 넘쳤다.

그들 중 대부분은 다시 북아프리카로 이동했고 모로코를 포함한 마그레브 지역, 이집트 등으로 피신했으며, 일부는 포르투갈과 베네치아, 소수는 브라질까지 이동하기도 했다.

포르투갈로 이주해서 정착하던 유대인들은 다시 한번 고난을 받게 된다. 당시 포르투갈의 왕이었던 마누엘 1세도 역시 유대인 추방령을 발표1497년한 것이다. 그 중 일부는 프랑스로, 일부는 네덜란드로 또다시 이동했다. 참고로 마누엘 1세는 이사벨 여왕의 사위였다.

네덜란드로 이동한 유대인들은 네덜란드에서 세계 최초의 주식회사를 설립했고 네덜란드를 경제 대국으로 만드는 역할을 하게 된다. 그 후 1609년 네덜란드 상선이 뉴욕에 도착하게 되고, 그 유대인들에 의해 미국 경제는 서서히 발전하여 세계 최강대국으로 부상하게 된다.

알 안달루스코르도바, 스페인, 포르투갈, 네덜란드, 미국. 유대인들이 정착하며 지나갔던 나라들이다. 거짓말처럼 유대인들이 대거 유입되면서 강대국으로 부상했고, 반대로 유대인들이 떠나면서 쇠락의 길을 걸었다.

코르도바에서 활동했던 유대인 학자 마이모니데스1138~1204는 히브리어 책 이외에도 아랍어로 된 책도 다수 집필하였고 이 자료들은 훗날

서양의 학문을 발전시키는데 커다란 역할을 하게 된다.

스페인의 후원을 받은 콜럼버스와 포르투갈의 바스코 다 가마의 스승인 아브라함 자쿠토1452~1515도 유대인이었다. 천측력을 발명한 천문학자 자쿠토는 스페인에서 태어나 살라망카 대학에서 천문학을 가르쳤으며, 1492년에 스페인에서 추방되어 포르투갈로 간 뒤 포르투갈의 왕 마누엘 1세를 만났고 인도 항해를 위해 중요한 임무를 맡았지만, 결국 유대인이라는 신분을 극복하지 못하고 포르투갈을 탈출하여 튀니지로 떠났다.

네덜란드의 위대한 철학자 스피노자의 할아버지는 포르투갈에 살았던 유대인이었는데, 1497년에 추방되어 프랑스 낭트로 갔다가 다시 네덜란드로 이동했다. 그후 스피노자가 1632년에 암스테르담에서 태어났다.

만약 스페인이 유대인을 추방하지 않았더라면, 포르투갈이 유대인을 품에 안았더라면, 역사는 어떻게 달라졌을까!

포르투갈 남부 최대 관광지 베나길 동굴

Algarve
알가르브

포르투갈 남부에 도착한 시기는 한여름이었다. 쏟아지는 강렬한 햇살과 맑은 공기, 아름다운 대자연, 신선한 해산물 요리. 포르투갈 남부 지역 알가르브Algarve는 모든 것이 완벽한 곳이었다.

말로만 들었던, 책에서만 봐왔던, 그토록 갈망하던 베나길Benagil 동굴을 내 눈으로 직접 봤던 그 순간을 잊을 수가 없다. 지금 원고를 쓰면서 사진을 넣다가 "아 베나길!" 하며 가슴이 뜨거워진다.

대서양 연안에 위치한 평범한 작은 어촌 마을 베나길에는 사람의 발길이 닿지 않는 곳에 위치한 비밀스러운 곳, 베나길 동굴이 있다. 베나길 동굴을 구경하는 방법은 크게 두 가지가 있는데, 하나는 알부페이라Albufeira, 포르티멍Portimão, 라고스Lagos 등지에서 베나길 동굴로 가는 보트 투어를 이용하는 방법이 있고, 베나길 마을까지 직접 간 다음에 베나길 해변에서 수영을 하거나 혹은 보트나 카약을 이용해서 동굴로 진입하는 방법이 있다.

　나는 포르티멍에서 출발하는 보트 투어를 신청했다. 승객 10명 정도를 태운 작은 보트는 알가르브 해안 구석구석을 누비며 관광객에게 풍부한 볼거리를 제공한다. 나도 다른 관광객처럼 정신없이 셔터를 누르며 알가르브 해안의 아름다운 장면을 카메라에 담았다.

　베나길 동굴에 도착했을 때 보트 안에 있던 모든 사람들이 일제히 탄성을 질렀다. 돔 모양의 거대한 동굴 천장에는 원형의 구멍이 하늘과 맞닿아 있었고, 구멍을 통해 내려오는 자연의 섬세한 빛이 동굴 전체를 감싸며 신비로운 공간을 연출하고 있었다. 아름답다는 수식어로는 부족한, 동화가 아닌 신화 속 어딘가, 마치 오디세우스의 일행이 사이렌의 유혹을 벗어나 우연히 발견한 낙원 같은 그런 곳이었다.

　그러나 우리는 그 낙원으로 들어갈 수 없었다. 동굴과 가까운 곳에 잠시 멈춘 보트 안에서 사진 몇 장을 찍고 다시 돌아와야 했다. 동굴 안에 있는 사람들처럼 동굴 안에서 더 많은 시간을 보내려면 보트 투어가 아닌, 베나길 해변에서 직접 수영을 하던가 혹은 카약을 타고 가는 방법밖에는 없었다.

　그럼에도 불구하고 보트 투어는 아주 만족스러웠다. 가이드의 간단한 설명을 들으며 알가르브 해안을 원없이 감상할 수 있는 행복한 시간이었다.

해안의 신비로운 기암 괴석과 아름다운 자연 경관을 감상하며 최종 목적지인 베나길 동굴에 도착하는 보트 투어. 대략 2시간 정도 소요된다.

나는 다음날 오전에 베나길 해변 가까운 곳에 차를 주차해 놓고 수영복을 입은 채 해변으로 걸어가서 카약을 빌렸다. 서툰 솜씨로 카약킹을 하며 베나길 동굴을 향해 가고 있는데, 능숙한 솜씨로 카약을 몰던 포르투갈 청년들이 나를 보며 손을 흔들었다.

"렛츠 고! 베나길!"

카약킹을 하며 손을 흔들고 있는 포르투갈 청년들

10분 뒤 베나길 동굴에 도착했다. 안전한 곳에 카약을 놓고 동굴 안으로 들어갔다. 금빛으로 빛나는 환상의 베나길 동굴 안에는 이미 많은 사람들이 모여 있었다. 자연이 만든 최고의 걸작품을 감상하며 동굴의 천장을 바라봤다. 그때 커다란 구멍 한 켠에 서서 아래를 향해 손을 흔드는 청년들이 보였다. 나도 그저 반가워 그들을 향해 손을 흔들었다.
　"여긴 우리만 알고 있는 비밀 장소야! 알았지?"라고 말하는 것 같았다. 수백만 년에 걸쳐 자연이 만들어낸 위대한 걸작품을 바라보며 깊은 감동과 쉼을 얻을 수 있었다.
　들기만 해도 가슴이 설레는 이름이 있다.
　시칠리아, 바릴로체, 올리브 나무, 마르크 샤갈, 오르되브르…
　그리고 또 하나의 이름 '베나길'이 내 가슴에 새겨졌다!

동굴에 진입했을 때 이미 많은 사람들이 카약을 타고 도착해 있었다.

동굴 아래를 향해 손을 흔들던 청년들

일주일이라는 시간이면 파루Faro와 라고스Lagos, 사그르스Sagres 등 포르투갈 남부 관광지를 모두 둘러보기에 충분한 시간이었지만, 나는 모두 포기하고 포르티멍의 호샤Rocha 해변 바로 앞에 위치한 호샤 호텔에서 숙박하며 맘껏 쉬고 즐기고 웃으며 행복한 나날을 보냈다. 조식 시간에는 호텔 직원들이 마치 전부터 알고 지내던 사이인 마냥 나를 친근하게 대해줬고, 호텔 뒤편 과일가게 아저씨도, 환상적인 생선 구이를 파는 라파엘 식당에서도 나를 기억해줬다.

"Mais importante que o destino é a viagem"
목적지에 도착하는 것보다 더 중요한 것은 여행을 하는 것이다.

포르투갈의 철학자 에두아르두 로우렌수Eduardo Lourenço의 말처럼 나는 정말 여행을 하는 기분이었다.

아침 7시, 식사를 마친 뒤 운동복으로 갈아입고 조깅을 시작한다. 무려 12km를 뛰어서 카르보에이루 해변에 도착했다. 해변에 잠시 머물다가 다시 숙소로 돌아왔다. 오는 길에 슈퍼에서 신선한 야채와 고기를 사와 작은 주방이 겸비된 호텔 객실 안에서 소박한 점심 식사를 했다.

아무 계획도 없이, 목적지도 없이 보냈던 알가르브에서의 일주일은 그 어떤 여행보다 기억에 남는 곳이었다. 친구처럼 다정하고, 어머니의 품처럼 편하고, 마지막 퍼즐을 끼우는 아이처럼 기쁘고 행복한 그런 기억이었다.

카르보에이루Carvoeiro 해변

마데이라 고래 관찰 투어

Madeira
마데이라

여행 중에 무엇을 보느냐 무엇을 먹느냐도 중요하지만 여행지에서 누구를 만나느냐에 따라 여행지의 느낌이 크게 달라지곤 한다. 여행지의 현지인을 만나서 도움을 받게 되는 일도 있고, 다른 나라에서 온 여행자와 동반자가 되어서 잊지 못할 추억을 만들기도 한다.

마데이라 섬에 도착하자마자 제일 먼저 만난 사람이 파울루였고, 지금도 서로 연락하는 친구 사이로 남았다.

리스본에서 남서쪽으로 900km 거리에 위치한 섬 마데이라는 포르투갈에서도 못 가본 사람들이 많을 정도로 본토에서 멀리 떨어진 곳이다. 위도 상으로는 모로코의 카사블랑카와 비슷한데, 온화한 날씨와 아름다운 바다, 천혜의 자연 경관이 어우러져 유럽인들이 가장 가고 싶어 하는 휴양지 중의 한 곳이다.

마데이라 섬의 수도인 푼샬 국제 공항에 도착한 시간은 밤 11시경이었고, 공항 앞에는 노란색 로컬 택시들이 줄지어 승객들을 기다리고 있었다. 내 차례가 되자 택시 안에 있던 운전사가 차에서 내려 내 짐을 트렁크에 실어 주었다. 나와 나이대가 비슷해 보이는 택시기사와 반갑게 인사를 하고 예약한 호텔로 출발했다.

"내 이름은 파울루야. 마데이라에 온 걸 환영해!"

"고마워. 난 영진이야. 밤이어서 아무것도 보이지 않지만 마데이라의 느낌이 참 좋아. 넌 여기서 태어났어?"

"어? 포르투갈어를 할 줄 아네? 여기서 한국인을 만난 것도 재밌는데 포르투갈어를 하는 한국인이라… 너무 반가운 걸?"

"응 브라질에서 5년 살았거든. 많이 잊어버렸지만 말야."

택시는 터널을 지난다. 오래 알고 지내던 친구에게 건네는 따뜻한 말투로 파울루는 이야기를 이어간다.

"마데이라는 정말 아름다운 곳이야. 아무 걱정없이 편하게 살 수 있는 곳이지. 섬의 인구는 25만 명 정도인데 그 중의 절반이 푼샬에 살아. 주요 산업은 관광이지만, 바나나, 사탕수수, 와인 산업도 괜찮은 편이야. 사실 다 좋은데 한 가지 문제가 있다면 실업률이지. 그래서 젊은 사람들이 다른 유럽 국가로 이민을 가는 경우가 많아."

포르투갈 경제가 워낙 어렵다 보니 해외취업을 원하는 청년들이 많은데, 영국에 대한 경제 의존도가 높은 포르투갈에서는 '영어를 잘해야 먹고 살 수 있다'라고 생각하는 사람들이 많다. 실제로 스페인이나 이탈리아에 비해서 포르투갈 사람들이 영어를 더 잘하는 편이다.

"요즘 마데이라에 러시아 사람들이 많이 오고 있어."

파울루는 이야기를 이어갔다.

"다른 나라에서는 대부분 관광으로 오지만, 러시아 사람들은 마데이라에 정착하기 위해 투자이민으로 오는 거야. 최근에 러시아 초등학교까지 생겼어."

호텔까지 이동하는 20분 동안 파울루는 쉬지 않고 마데이라에 대한 여러 정보들을 알려줬다. 마데이라의 전통 술인 폰샤Poncha에 대해 소개해주며 마데이라의 명물인 흑갈치 요리Peixe espada prete con banana를 꼭 먹어보라고 했다.

내가 '택시로 떠나는 마데이라 관광명소 반나절 투어'를 만들어 달라고 즉석에서 부탁했는데, 파울루는 흔쾌히 승낙해줬다. 관광 안내소에서 운영하는 데일리 투어 비용보다 비쌌지만, 파울루와 단둘이 하는 여행이 훨씬 더 기억에 남을 것 같았다.

"안전하게 데려다 줘서 고마워! 내일 아침에 만나!"

CR7 호텔에 도착한 뒤 파울루에게 감사 인사를 건넸다.

마데이라 섬에서 만난 소중한 인연 파울루

포르투갈 출신의 축구 스타 크리스티아누 호날두의 고향이 바로 마데이라이다. CR7호텔은 호날두가 직접 투자한 호텔이며 포르투갈의 거대 호텔 체인인 페스타나Pestana에서 운영을 하고 있다.

호텔 브랜드 CR7은 Cristiano Ronaldo의 약자 CR과 그의 등번호 7을 조합하여 만든 이름이다.

호텔 체크인을 마치고 루프탑에 올라가 칵테일 한 잔을 마시며 푼샬의 야경을 감상했다. 마데이라에 도착한지 한 시간 밖에 안되었는데 벌써부터 이곳이 좋아졌다.

호텔에서 보이는 푼샬의 야경

야외 수영장이 있는 호텔 루프탑. CR7 호텔 1호점은 푼샬, 2호점은 리스본, 3호점은 마드리드에 있다.

아침 일찍 일어나 호텔 내부를 둘러봤다. 호날두에 관한 소품들이 전시되어 있었다. 나는 호날두의 팬은 아니지만 호날두의 축구 인생과 그의 이야기를 품고 있는 테마 호텔에서 묵는 일은 분명 특별한 체험이었다. 호텔 옥상에는 맑은 공기를 마시며 운동할 수 있는 헬스 기구들이 있었다. 역시 호날두 호텔다웠다.

CR7호텔 로비

로비에 전시된 호날두 유니폼

호텔 입구에 설치된 호날두 동상

파울루와 약속한 시간까지는 두 시간 정도가 남아 있어서 호텔 주변을 산책하기로 했다. CR7호텔에서 길을 건너 검은색 석회암 조각으로 만든 돌계단을 걸어 올라가니 산타 카타리나 공원이 나왔다. 공원 안의 작은 연못에서는 백조와 오리가 평화로운 시간을 보내고 있었다. 공원 바닥에는 화염목의 꽃봉우리들이 잔뜩 떨어져 있었고, 이름을 알 수 없는 나무에 주렁주렁 매달린 초록색 열매에서는 낯선 향기로 가득했다. 공원 한 켠에는 경쾌한 음악이 흐르는 작고 예쁜 카페가 하나 있었다.
　"그래! 여기가 푼샬에서 카피를 마시기에 가장 좋은 곳이구나."

푼샬 시민들이 즐겨 찾는 산타 카타리나 공원

공원 반대쪽으로 나와 왼쪽으로 조금 올라가 보니 파크 호텔이 나왔다. 호텔 옆에 붙어 있는 카지노 건물이 특이해 보였다. 순간 브라질의 세계적인 건축가 오스카 니마이어 Oscar Niemeye가 만든 브라질리아 대성당이 떠올랐다. 독특한 쌍곡선이 돋보이는 외관과 누구도 상상하지 못했던 독특한 내부 구조가 인상적이었던 그 성당을 모방한 듯한 건물이었다.

파크 호텔 카지노 외관

인터넷으로 검색해보니 카지노와 호텔 모두 오스카 니마이어의 작품이었다. 1907년 리우 데 자네이루에서 태어난 오스카 니마이어는 1988년 프리츠커 상을 수상하며 세계를 무대로 활동했고, 대표작으로는 UN 사무국 빌딩, 브라질 국회의사당 등이 있다. 마데이라의 카지노

브라질리아 대성당 외관

호텔은 그가 몇 년간 마데이라에서 활동하면서 1976년에 완공했다.

약속한 시간에 파울루를 다시 만났고 환상의 섬 마데이라 투어가 시작됐다. 파울루는 옆 자리에 앉은 나에게 메모가 적힌 종이 한 장을 건

냈다. 오늘의 투어 코스였다. 난 사실 파울루가 가자고 하는 곳으로 무작정 떠날 생각이었는데 꼼꼼히 적힌 메모를 보고 감동을 받았다.

- 피코 두스 바르셀루스Pico dos Barcelos 전망대에서 경치 감상
- 카보 지라웅Cabo Girão의 아찔한 절벽에서 사진 찍기
- 어촌 마을 카마라 드 로부스Camara de Lobos 방문
- 피코 두 아리에이루Pico do Arieiro산 정상 도착 (고도 1,818m)
- 히베이루 프리우Ribeiro Frio에서 45분 트레킹
- 광주리 차 카후스 드 세스투Carros de cesto 체험

메모의 마지막 줄에는 총 소요시간 4시간이라고 적혀 있었다.

파울루의 노란 택시를 타고 마데이라 투어를 시작했다. 우리는 포르투갈어와 영어를 섞어가며 쉴 새 없이 대화를 이어갔다. 낯선 땅에서 우연히 만난 파울루와 함께 하는 투어가 즐겁기만 했다.

상쾌한 아침 공기를 마시며 처음 도착한 곳은 피코 두스 바르셀루스 Pico dos Barcelos 전망대였다. 해발 200m 정도로, 전망대로는 마데이라에서 두 번째로 높은 곳이라고 한다.

전망대 밑으로 보이는 작은 어촌 너머로 푸른 바다가 한눈에 들어왔다. 너무나 아름다운 광경이었다. 하늘에서부터 내려오는 따스한 햇살이 마치 내 영혼까지 스며 들어와 내 마음을 어루만지는 듯했다. 그 순간 구름이 잠시 멈추고, 넓고 넓은 바다를 바라보는 내 시선도 멈추고, 그

렇게 시간이 멈춘 것 같았다. 모호한 고민거리도, 과거를 회상하는 뇌의 기억도, 영혼과 정신의 각성도, 미래와 이상을 향한 발걸음과 돌격도 모두 잠시 멈춰버린 내면의 평안함이 느껴졌다.

"여행은 이렇게 눈이 부시도록 아름답다."

주차장에서 나를 기다리고 있는 파울루를 향해 엄지 손가락을 높게 들어 올렸다. 기꺼이 시간을 내 준 그가 너무 고마웠다. 그냥 하루 돈벌이로 생각하고 형식적으로 일할 수 있었는데 파울루는 나를 오랜 친구처럼 다정하게 대해줬다. 이런 종류의 호감은 인간과 인간 사이에서 본능적으로 느껴지곤 한다.

피코 두스 바르셀루스에서 보이는 전망

카보 지라웅 전망대에서 찍은 사진　　　　　　언덕에 빼곡히 자리잡은 마을

히베이루 프리우Ribeiro Frio 트레킹 중에 만나는 대자연의 멋진 풍경

언덕길과 내리막길, 좁은 길과 구불구불한 산길을 모험하다가 아주 흥미로운 장소에 도착했다. 평지가 거의 없는 마데이라에서 마을 아래로 내려가기 위해 이용하던 광주리차를 1850년부터 운영되던 전통적인 방식 그대로 체험해 볼 수 있는 곳이다.

이미 많은 관광객들이 차례를 기다리고 있었다. 티켓을 구매하고 난 뒤 관광객들 뒤로 줄을 섰다. 파울루와는 광주리차가 내리는 곳에서 다시 만나기로 했다. 하얀 유니폼에 밀짚 모자를 쓰고 광주리 차를 운전하는 사람을 카레이로스Carreiros라고 부른다. 특수 제작된 카레이로스의 신발 바닥에는 두꺼운 고무가 장착되어 있었다. 그저 신기하기만 했다.

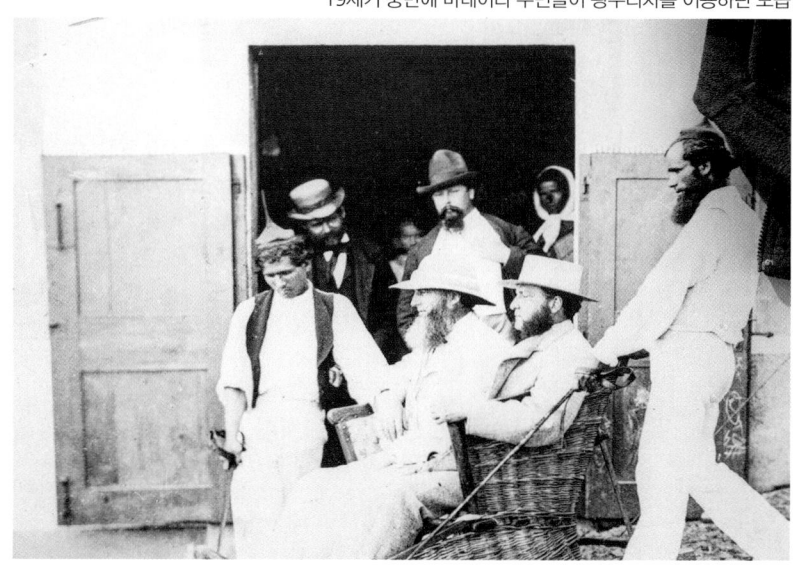

19세기 중반에 마데이라 주민들이 광주리차를 이용하던 모습

내 차례가 되었고, 두 명의 카레이로스가 양쪽에서 중심을 잡고 출발했다. 위에서 봤을 때보다 경사가 훨씬 가파랐다. 전통 문화 체험이라기보다는 놀이기구에 가까울 정도로 스릴이 넘쳤다. 가파른 커브 길을 돌 때는 두 눈이 질끈 감길 정도로 아찔했는데, 능숙한 카레이로스가 순간 속도를 줄이며 안전하게 빠져나갔다. 2km 정도를 내려오는데 7~8분 정도가 걸렸다.

광주리 차를 트럭에 싣고 다시 올라가는 트럭이 보였다. 지금은 차량을 이용하여 이동하지만 19세기에는 카레이로스가 직접 들고 한참을 걸어 올라갔다고 한다.

파울루가 만들어 준 알찬 '마데이라 반나절 투어'가 끝났다. 다음 날은 혼자 걸어 다니며 푼샬 시내를 둘러보았다. 작은 도시인데도 볼거리가 풍부했다. 파울루가 먹어 보라는 흑갈치 요리도 먹어보고 저녁에는 시립 극장에서 공연도 보며 즐거운 시간을 보냈다. 또 하루는 호텔 근처에 있는 관광 안내소에서 고래투어, 스노클링, 스쿠버 다이빙을 신청해서 해양 스포츠를 즐겼다.

5일 간의 여정을 마치고 돌아가는 날 파울루와 공항으로 가는 길에 그간 있었던 여행담을 들려줬고, 마데이라에서 행복한 추억을 만들고 돌아가는 한국인 친구를 바라보며 파울루는 환하게 웃었다.

꼭 다시 돌아오겠다고 약속했고, 실제로 6개월 뒤에 다시 마데이라에 갔었다. 파울루 아내에게 한국산 마스크팩을 선물했는데 아이처럼 기뻐하던 파울루의 얼굴이 지금도 눈에 선하다.

손님을 기다리고 있는 카레이로스들

양쪽에서 광주리차를 잡고 능숙하게 운전하는 모습

출발 직전의 모습.
막상 타보면 보기보다 빠른 속도감에 놀라게 된다.

마데이라에서 제일 유명한 음식인 흑갈치 바나나 요리. 마데이라 주민들은 이 요리에 레몬과 마라쿠자 소스를 얹어서 먹는다. 오른쪽에 있는 카르네 에스페타다 Carne espetada도 꼭 먹어봐야 하는 마데이라 전통 요리이다. 소고기와 마늘 소스와의 조합이 환상적이다.

시내 중심에 위치한 파르메르스Farmers시장에서 팔고 있는 열대 과일들. 우측에 있는 과일은 바나나 모양처럼 생겼으나 안에는 마라쿠자가 들어있어서 '마라쿠자 바나나'라고 불린다.

주앙 타비라João tavira거리에 있는 바닥 모자이크.
왼쪽에는 마데이라에 처음 도착한 연도와 범선 모양,
오른쪽에는 마데이라의 대표 문화인 광주리차를 새겨 넣었다.

포르투갈에는 각 도시의 특성에 맞게
디자인한 바닥을 쉽게 발견할 수 있다.
석회암 조각으로 만든 이 길을
'칼사다 포르투게사Calçada Portuguesa'
라고 한다.

성 요한 교회의 외관. 17세기 예수회에 의해 세워졌다. 건물 정면 중앙에는 예수회의 심볼인 IHS가 적혀 있고, 예수회의 창립자인 이그나시오 로욜라와 프란치스코 하비에르, 프란치스코 보르자, 스타니슬라오 코스트카의 조각이 있다.

성 요한 교회의 내부. 아줄레주와 탈랴 도우라다로 가득한 성당의 내부 장식이 매우 아름답다. 푼샬 대성당보다 더 많은 관광객들이 찾는 곳이다. 오전 10시부터 오후 4시 사이에는 성당 내부를 통해 푼샬 시내를 감상할 수 있는 전망대에 오를 수 있다.

푼샬 시내 중심에 위치한 발타자르 시립극장 입구와 내부 사진.
주말이면 마데이라 주민들을 위한 다양한 공연들이 열린다. 비교적 저렴한
가격에 수준 높은 공연을 감상할 수 있다.

함께 다이빙을 즐겼던 영국에서 온 가족.
마데이라는 고래 투어를 즐기기에도 좋은 곳이다. 마데이라에서는 향고래,
브라이드 고래, 긴부리 돌고래 등 다양한 고래들이 서식한다.

포르투갈 역대 왕으로 살펴보는 **포르투갈 역사**

AFONSO I
아폰수 1세
재위 1139~1185

SANCHO I
산슈 1세
재위 1185~1211

- 1139 포르투갈 레온 왕국으로부터 독립
- 1143 수도를 기마랑이스에서 코임브라로 옮김
- 1147 이슬람으로부터 리스본 탈환
- 1153 포르투갈 건국을 기념하며 알코바사Alcobaça 수도원 건립

- 포르투갈 두 번째 왕이었던 산슈 1세는 레온 왕국이 여전히 포르투갈의 독립을 인정하지 않는 분위기 속에서, 아라곤 왕국과의 동맹을 맺고 독립의 의지를 확고히 함
- 1189 선왕 아폰수 1세가 점령한 올리벤사Olivença를 다시 무어인에게 빼앗김
- 1195년 리스본에서 안토니오 성인 태어남. 훗날 파도바의 성 안토니오로 불렸고, 포르투갈의 수호 성인이 됨

1147년 7월 1일부터 10월 25일까지 벌어졌던 리스본 공방전에서 당시 무어인의 지배하에 있었던 리스본을 함락하는 과정을 묘사한 그림. 이 전투는 헤콩키스타(무슬림을 상대로 한 국토 회복 전쟁) 과정에서 가장 중요한 전투 중의 하나였다.

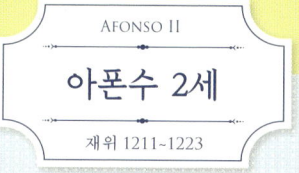

AFONSO II

아폰수 2세

재위 1211~1223

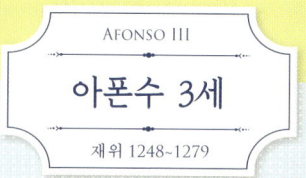

AFONSO III

아폰수 3세

재위 1248~1279

- 포르투갈의 독립을 인정 받는 과정에서 아폰수 2세는 국가의 법과 행정을 제정하고 왕실의 권력 확립과 외교 관계를 확대해 감
- 가톨릭 교회의 힘을 약화시키는 동시에 교회의 재산을 왕실로 귀속시키는 과정에서 교황과 마찰을 일으킴

1249 포르투갈 남부 알가르브를 점령하면서 헤콩키스타를 마침
1255 수도를 코임브라에서 리스본으로 옮김

아폰수 3세의 초상화.
알가르브를 정복하고 포르투갈과 알가르브의 왕이라는 호칭을 사용하였으며, 스페인과의 분쟁에서 지금의 포르투갈 영토를 지켜냈다.

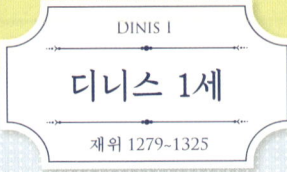

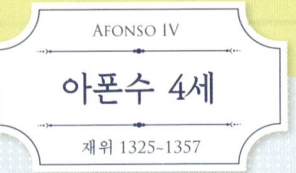

1290 코임브라대학교 설립
포르투갈어를 공식 언어로 제정
1297 알카니세스Alcañices 조약으로 지금의
포르투갈 국경이 형성되었고, 유럽에서
가장 오래된 국경으로 기록
1312 포르투갈 해군 창설

- 1343년 대기근, 1347년 코임브라 대지진, 1348년 전염병 이후 인구 감소와 경제 대공황이 찾아와 국력에 막대한 피해가 발생
- 1355 아들 페드루 1세가 사랑했던 여인 이네스Inês de Castro를 처형

포르투갈의 디니스 1세와 스페인의 페르난두 4세가 체결한 알카니세스 조약서 원본

▶ 페드루 1세는 이네스의 시신을 꺼내 보석과 예복을 입힌 뒤 모든 신하들이 그녀에게 입맞추도록 명령했다. 후에 두 사람은 알코바사 수도원에 함께 묻혔다.

피에르 샤를Pierre Charles Comt 1849년작

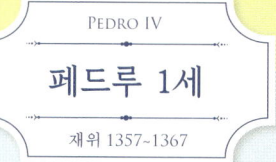

페드루 1세
PEDRO IV
재위 1357~1367

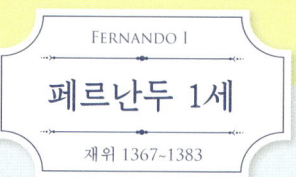

페르난두 1세
FERNANDO I
재위 1367~1383

- 1357년 슬픈 사랑 이야기의 주인공인 페드루 1세는 처형당한 이네스와의 결혼을 발표하고, 그녀의 시신을 꺼내어 치른 뒤 여왕의 칭호를 부여함

1367 페드루 1세가 사망하고 페르난두 1세가 왕위 계승.

1383 페르난두 1세가 사망하자 그의 사위였던 카스티야 왕국의 후안 1세가 포르투갈 왕위를 요구하자, 당시 아비스 기사단의 단장이었던 주앙을 주축으로 카스티야와 전투가 벌어짐

1385 8월 14일 알주바호타 Aljubarrota 전투에서 스페인 군대를 무찌르고 독립을 확실히 함. 이로 인해 아비스 왕조가 시작

알주바호타 전투를 묘사한 아줄레주.
(리스본 에두아르두 7세 공원)

1383년부터 1385년까지 포르투갈은 인터레그넘 Interregnum, 즉 최고 권력의 공백 상태였다.

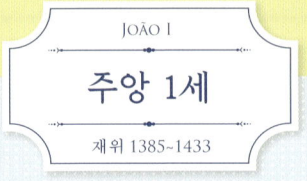

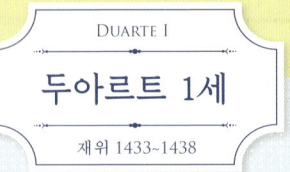

JOÃO I	DUARTE I
주앙 1세	**두아르트 1세**
재위 1385~1433	재위 1433~1438

1385 주앙 1세가 포르투갈 아비스가 최초의 왕으로 즉위
1415 모로코의 세우타를 점령
1418 포르투갈 선원들에 의해 마데이라 제도를 우연히 발견
1418 항해 왕자 엔히크가 사그르스Sagres 곶에 항해 학교 설립

1433 주앙 1세가 흑사병에 걸려 사망하면서 두아르트가 아비스 왕조 2대 왕이자, 포르투갈의 11대 왕으로 즉위. 동생 엔히크 왕자의 해양 탐사에 적극적으로 후원
1434 질 이아네스의 대서양 탐험에서 서사하라의 보자도르 곶 발견
1437 모로코의 탕헤르를 무리하게 침공하여 결국 대참패를 당하고 페르난도 왕자가 포로로 잡힘. 결국 세우타를 모로코로 반환하는 평화협정을 체결

1385년 알주바호타 전투의 승리를 기념해 바탈랴 수도원을 건립했다.

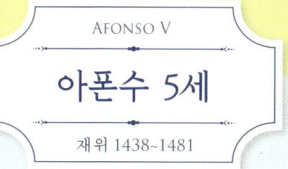

아폰수 5세
Afonso V
재위 1438~1481

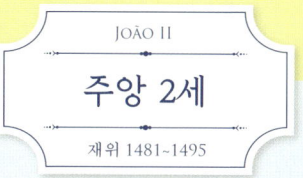

주앙 2세
João II
재위 1481~1495

- **1441** 포르투갈이 개발한 어선 캐러벨이 대서양 항해에 사용됨
- **1441** 포르투갈 최초의 흑인 노예가 모리타니 북부에서 포르투갈로 도착
- **1443** 모로코의 포로 수용소에 있던 페르난두 왕자가 41세의 나이로 사망. 포르투갈 역사에서 그 죽음을 순교로 기록하고 '신성공'으로 불림
- **1452** 마데이라 제도에서 최초의 설탕공장 건설
- **1474** 스페인의 엔리케 4세가 왕자 없이 서거하자, 아폰수 5세가 스페인 왕위 계승을 주장
  하지만 엔리케 4세의 이복동생인 이사벨이 이사벨 1세로 왕위에 오름

- **1482** 대서양 노예 무역 거래지였던 가나 엘미나에 성 조지 성벽 건설
- **1484** 아프리카 나미비아 해안 탐험 시작
- **1488** 바르톨로메우 디아스가 희망봉을 건너 인도양을 항해한 최초의 유럽인으로 기록
- **1494** 토르데시야스 조약 체결

제 214대 교황 알렉산데르 6세 (재위 1492년~1503년)
1493년 알렉산데르 6세 교황은 스페인과 포르투갈의 영토 분쟁을 해결하기 위해 카보베르데 섬 서쪽 서경 46도 지점을 기준으로 동쪽은 포르투갈 영토, 서쪽은 스페인의 영역으로 분할하라는 교황 칙서를 반포했고, 그 칙서를 비준하여 두 나라는 토르데시야스 조약을 체결하게 되었다.

1434년 보자도르 곶 발견을 기념하는 포르투갈의 우표

Manuel I
마누엘 1세
재위 1495~1521

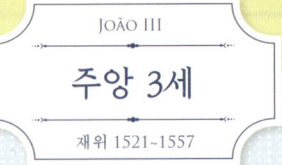

João III
주앙 3세
재위 1521~1557

- 1498 바스코 다 가마가 인도항로 개척에 성공
- 1500 4월 22일, 항해가 페드루 알바레스 카브랄이 브라질을 발견
- 1502 인도 항로 개척을 기념하여 제로니모스 수도원을 건설
- 1515 벨렝탑이 건설
- 1521 4월 27일 포르투갈 출신의 탐험가 마젤란이 필리핀의 막탄 섬에서 전투중에 사망

- 1524 세 번째 인도 항해를 떠났던 바스코 다 가마가 말라리아로 사망
- 1527 포르투갈의 첫 인구 조사 실행 (1,200,000명)
- 1532 브라질에 첫 설탕공장 세워짐
- 1536 주앙 3세의 명령으로 포르투갈에서 첫 종교 재판 열림

드레스를 입은 중세의 여인과 흡사한 모습이라고 해서 '테주 강의 귀부인'이라는 별명을 갖고 있는 벨렝탑. 1515년부터 건설이 시작되어 7년이 걸렸다. 섬세한 마누엘 양식의 대표 건축물로 꼽힌다.

SEBASTIÃO I
세바스티앙 1세
재위 1557~1578

스페인 통치기
1580~1640

1557 포르투갈 탐험대 마카오에 상륙
1572 루이스 카몽이스가 대 서사시 「우즈 루지아다스」 출간
1578 세바스티앙 1세가 1만5천 명의 군사를 이끌고 모로코를 침공했으나, 사상 최대의 참패를 당하고 전장에서 전사 세바스티앙이 적자없이 24세의 나이로 사망하였고, 그 틈에 스페인의 펠리페 2세가 포르투갈을 병합

펠리페 2세 1580~1598 | 펠리페 3세 1598~1621
펠리페 4세 1621~1640(60년간 스페인 왕 통치)

1595 1595년부터 네덜란드가 포르투갈이 독점하고 있던 인도 항로로 진출하고, 이어 잉글랜드가 무역 전쟁에 뛰어 들면서 포르투갈의 해외 사업 위축됨
1603 네덜란드 동인도 회사가 포르투갈 상선을 공격하면서 동방 무역을 둘러싼 갈등이 고조되고 이는 결국 후추 등 향신료 무역 독점이 무너지는 결과를 초래
1621 스페인 대기근으로 인해 포르투갈의 세금 인상 단행, 결국 폭동 일어남
1630 네덜란드 군대가 브라질 북동부를 점령하면서 포르투갈 식민지에 대한 포르투갈 왕실의 영향력이 축소되기 시작

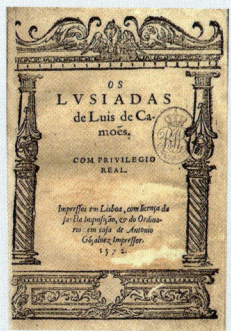

1572년에 출간된 『우스 루지아다스』. "포르투갈 사람들"이라는 뜻이다. 옛 로마 지배 시절에 현재의 포르투갈을 루지타니아Lusitania 속주, 현재의 스페인을 이스파니아Hispania 속주라고 불렀다.

▶

티치아노가 그린 펠리페 2세의 초상화. 신성 로마 황제이자 스페인의 황제였던 카를로스 1세와 포르투갈 마누엘 1세의 딸 이사벨 사이에서 태어난 펠리페 2세는 아버지로부터 스페인 왕국과 스페인의 해외 영토를 물려 받았으며, 포르투갈 황제 세바스티앙이 사망하자, 마누엘 1세의 외증손자 자격으로 포르투갈 왕위 계승을 주장하였고, 알바 공작이 이끄는 스페인의 군대가 리스본을 점령하면서 포르투갈 왕위를 차지하게 된다.

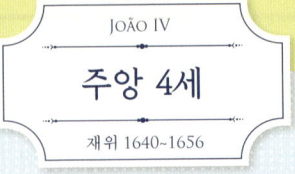

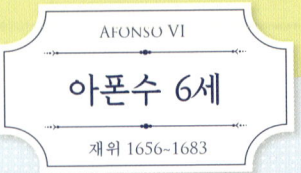

- 1640 브라간사 공작 테오도지오 2세의 아들 주앙 공작이 주앙 4세로 즉위하면서 브라간사 왕조 시대 시작

  카탈루냐 폭동을 진압하는 과정에서 포르투갈의 병력을 사용한 것이 원인이 되어 브라간사의 주앙 공작이 스페인 총독을 몰아내고 포르투갈이 독립을 선포하면서 스페인과의 독립 전쟁이 벌어지고 1668년에 끝남

- 아직 통치할 준비가 되지 않았던 어린 아폰수 6세를 대신하여 어머니 루이자Luísa de Gusmão가 1662년까지 섭정
- 1659 1월 14일, 포르투갈 영토 회복을 위한 스페인과의 엘바스 전투Batlha das Linhas de Elvas에서 포르투갈이 승리함
- 1668 아폰수 6세가 정신병을 앓게 되면서 그의 동생이 페드루(후에 페드루 2세)가 형을 대신해 섭정

1659년 엘바스 전투가 끝난 뒤 엘바스 요새에는 전쟁 기념비가 세워졌고, 2012년에 유네스코 세계 문화 유산에 등재됨

PEDRO II
페드루 2세
재위 1683~1706

JOÃO V
주앙 5세
재위 1706~1750

- **1683** 페드루가 자신의 형 아폰수 6세에 이어 왕좌에 오르던 당시에 브라질에서 은광이 발견되어 포르투갈에 막대한 자원이 들어오게 됨
- **1692** 포트와인의 대표 브랜드 테일러Taylor's 설립
- **1693** 1693년부터 브라질에서 금이 발견되어 포르투갈 왕실 국고가 가득해짐
- **1702** 스페인 합스부르크와 부르봉 왕가 사이에서 왕위 계승 전쟁(1702~1715)이 벌어지는 과정에서 포르투갈은 영국과 통상 조약과 군사 동맹을 맺음

- **1716** 1716년부터 브라질에서 대량의 금이 들어오면서 포르투갈 전역에 새로운 건축물들이 건설(1717년 코임브라 대학의 조아니나 도서관, 1717년 리스본 근교에 마프라 수도원, 1731년 리스본 시내에 총 길이 58km의 수도교, 1747년에 켈루스Queluz 궁전 건립)
- **1738** 코임브라에서 리스본으로 귀향한 퐁발 후작이 영국 주재 포르투갈 대사에 임명

리스본 시내로 연결되는 수도교. 1731년에 공사가 시작됐고, 1748년부터 리스본 시민들에게 식수를 공급하기 시작함. 다행히 1755년 리스본 대지진 당시 큰 손상을 입지 않았고, 1836년까지 사용되어지다가 현재는 박물관으로 운영 중이다.

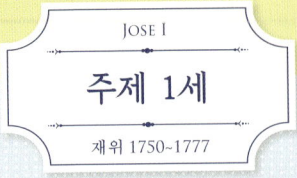

JOSE I

주제 1세

재위 1750~1777

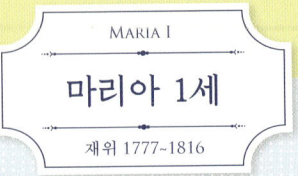

MARIA I

마리아 1세

재위 1777~1816

- **1750** 주제 1세가 즉위하자마자 퐁발 후작을 총리직에 임명하였고, 이때부터 퐁발이 포르투갈의 정치 권력을 장악
- **1755** 11월 1일 오전 9시40분, 리스본 대지진이 발생하여 리스본의 3분의 1이 잿더미로 변함. 이후 퐁발의 주도하에 리스본은 새로운 도시로 탈바꿈하게 됨
- **1761** 퐁발에 의해 노예제도 폐지
- **1772** 카보 다 로카에 최초로 등대가 세워짐
- **1775** 코메르시우 광장에 주제 1세의 기마상이 세워짐

- **1777** 포르투갈 출신의 세계적인 오페라 가수 루이사 토디Luísa Todi가 런던에서 첫 오페라 공연
- **1807** 11월, 나폴레옹의 프랑스군이 포르투갈을 침공하자, 마리아 1세와 왕가 모두 브라질로 피신. 1808년 포르투갈의 수도를 리우 데 자네이루로 천도
- **1815** 브라질을 식민지에서 왕국으로 승격시키고 포르투갈 브라질 알가르브 연합 왕국이 탄생

루이사 토디 기념 주화.
1778년 파리에서의 공연으로 세계적인 오페라 가수의 반열에 오르게 된다.

JOÃO VI
주앙 6세
재위 1816~1826

AFONSO I HENRIQUES
마리아 2세
재위 1826~1828/1834~1853

- 1821 포르투갈 왕가가 리스본으로 귀환
- 1822 포르투갈 왕가가 귀환하고 나서 브라질을 식민지 지위로 되돌리려 하자 브라질 국민들이 크게 반발하였고, 이때 마리아 1세의 손자였던 페드루가 1822년 9월에 스스로 독립을 선언하고 브라질 왕국의 초대 왕 페드루 1세로 즉위
- 1824 세계 최대 도자기 생산업체인 비스타 알레그르Vista Alegre 설립
- 1825 포르투갈 낭만주의의 최초 작품인 알메이다 가렛Almeida Garrett의 『카몽이스』 출간

- 1836 포르투갈의 여왕 마리아 2세의 남편인 페르난두에 의해 신트라 페나 궁전 건설(1854년 완공)
- 1846 리스본 호시우 광장에 마리아 2세 극장 오픈
- 1847 포르투갈 은행Banco de Portugal 설립

1822년 9월 7일 상파울로에서 페드루 1세가 브라질 독립을 선언하는 모습을 묘사한 그림

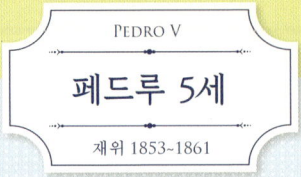

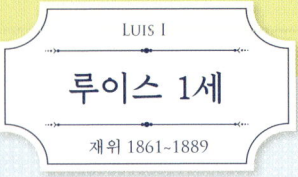

1853 포르투갈 우표가 최초로 유통됨
1855 콜레라로 수천 명의 사상자 발생
1856 포르투갈 내 첫 열차 운행 개시
  (카헤가두Carregado – 리스본 구간)
1861 카밀루 카스텔루Camilo Castelo Branco의
  소설『파멸의 사랑』출간

1867 사형제 폐지
1886 포르투갈의 제 2도시 포르투에
  동 루이스 1세 다리 건설

포르투갈의 낭만주의 작가 카밀루 카스텔루가 출간한 『불멸의 사랑』. 말년에 건강을 잃고 실명이 되어 권총 자살로 생을 마감했다. 시와 소설 등 250편 이상의 작품을 남기고 간 포르투갈의 대표 문학가 중의 한 명이다.

CARLOS I
카를로스 1세
재위 1889~1908

- 1892 6월 14일, 경제 위기로 포르투갈 국가 파산 선언, 1902년에 2차 파산 선언함. 이로 인해 군주제의 비판 여론 형성
- 1902 리스본의 산타 주스타 엘리베이터 건설
- 1904 포르투의 〈렐루서점〉 오픈
- 1904 리스본을 연고로 하는 명문 축구 구단 벤피카Banfica 창립
- 1908 카를로스 1세가 코메르시우 광장을 지나던 중 공화주의자들에 의해 암살

MANUEL IIS
마누엘 2세
재위 1908~1910

- 1908 선친 카를로스 1세와 왕세자 루이스 왕자가 함께 암살을 당하게 되면서 차남이었던 마누엘이 마누엘 2세로 왕위에 오르게 됨.
- 1910 10월 5일 혁명을 계기로 포르투갈에서 군주제가 폐지되면서 퇴위. 이 혁명으로 마누엘 2세는 해외로 망명했고, 포르투갈 제 1공화국이 수립

마누엘 2세가 퇴임 전인 1910년 5월 6일, 영국 에드워드 7세의 장례식 후에 유럽의 왕들과 함께 찍은 사진. 뒷줄 왼쪽에서 세 번째 인물이 마누엘 2세, 그 오른편에 독일의 빌헬름 2세, 앞줄 왼쪽부터 스페인의 알폰소 13세, 영국의 조지 5세, 덴마크의 프레데리크 8세가 보인다.

공화국 시절
1910년 이후

1926 군사 쿠데타로 공화국 해체.
1910 1910년부터 1926년까지 16년 동안 6번의 국회, 8명의 대통령, 38명의 총리가 나오며 대혼란의 시기를 겪음.
1932 포르투갈의 독재자 살라자르 Salazar의 독재 정치가 시작됨. 1968년까지 36년간 포르투갈을 통치함.
1935 페르난도 페소아 사망. 그의 사후에 엄청난 양의 작품이 차 트렁크에서 발견됨

100 에스쿠두 지폐에 페르난도 페소아의 그림이 삽입되어 있다.

2002년에 포르투갈이 유로화를 사용하기 시작하면서 포르투갈 고유의 통화는 모두 폐지되었다.

1949 포르투갈의 신경학자 에가스 모니스 Egas Moniz가 뇌엽 절제술 연구로 노벨 의학상을 수상
1955 UN 가입
1959 포르투갈 리스본에 첫 지하철 개통
1960 항해왕 엔히크 왕자의 서거 500주년을 기념해 벨렝지구에 발견기념비를 세움
1961 대한민국과 포르투갈 수교
1966 살라자르 다리를 건설. 이후 살라자르 정권이 무너지고 나서 1974년 4월 25일에 있었던 카네이션 혁명일을 기념하여 〈4월 25일 다리〉로 이름을 변경
1974 마카오에서 포르투갈군이 철수하고, 1979년 포르투갈과 중국이 국교를 수립. 1999년 12월 20일 최종적으로 마카오가 중국에 반환

바스코 다 가마 다리

파두의 여왕이라고 불리던 아말리아 호드리게스는 파두를 전 세계에 알린 인물이다. 히트곡으로는 검은배Barco Negro, 슬픈 운명Triste Sina 등이 있다.

1974 카네이션 혁명 이후 포르투갈의 식민지였던 모잠비크, 카보 베르데, 상 투메 프린시페, 앙골라, 기니 비사우가 독립
1985 마노엘 데 올리베이라Manoel de Oliveira 가 베니스 영화제에서 황금 사자상 수상
1985 1975년부터 인구가 가파르게 증가하면서 1985년에 포르투갈 인구가 1천만 명을 넘어섬
1986 EU 가입
1987 FC포르투가 결승에서 바이에른 뮌헨을 꺾고 챔피언스 리그에서 우승
1992 셴겐 조약 가입
1995 총 길이 12.3km로 유럽에서 제일 긴 다리인 바스코 다 가마 다리 건설
1998 주제 사라마구가 [수도원 비망록]으로 노벨 문학상 수상
1998 리스본 엑스포 개최(인도 항로 발견 500주년 기념)
1999 파두 가수 아말리아 호드리게스가 79세로 사망. 국장으로 장례가 진행
2010 포르투갈의 관광산업이 국내 총 생산에 11%를 차지
2014 포르투갈의 축구 영웅 에우제비오가 심장마비로 사망. 나흘간 '국가 애도의 날'로 선포
2016 호날두가 이끄는 포르투갈 축구 대표팀이 2016 유럽축구 선수권대회 에서 우승의 쾌거를 이룸
2017 GDP 성장률 2.7%로 21세기 최고치를 기록

프랑스에서 열린 유로 2016 결승에서 프랑스를 1-0으로 누르고 첫 우승컵을 품에 안았다.

포르투갈에 물들다

초판 1쇄 발행 | 2021년 9월 24일
초판 2쇄 발행 | 2021년 12월 24일

지은이 박영진
펴낸이 이동석
펴낸곳 일파소
디자인 권숙정

출판등록 2013년 10월 7일 제2013-000294호
주소 서울특별시 영등포구 영등포로 231-1, 3층 (07250)
전화 02-6437-9114 (대표)
e-mail info@ilpasso.co.kr

ISBN 979-11-969473-3-0 04900

―――

책값은 뒤표지에 있습니다.
파본은 구입하신 서점에서 교환해 드립니다.
이 책을 무단 복사, 복제 전재하는 것은 저작권법에 저촉됩니다.
이 책에 수록된 사진 대부분은 저자가 직접 촬영한 것으로 저작권은 저자에게 있습니다.
본문 내용의 이해를 돕기 위해 일부 인용된 글귀는 차후에라도 저작권법상의 문제가 된다면
저작권자를 확인하여 적법한 절차를 따르겠습니다.